Ricarda Essrich

Positionierung als freiberuflicher Übersetzer

Spezialisierung oder Diversifikation?

BDÜ Fachverlag

Ricarda Essrich

Positionierung als freiberuflicher Übersetzer

Spezialisierung oder Diversifikation?

Die Deutsche Bibliothek – CIP Einheitsaufnahme

Ricarda Essrich: Positionierung als freiberuflicher Übersetzer
Spezialisierung oder Diversifikation?

ISBN: 978-3-938430-87-3

verlegt von der BDÜ Weiterbildungs- und Fachverlagsgesellschaft mbH, Berlin,
einem Unternehmen des Bundesverbandes der Dolmetscher und Übersetzer e. V. (BDÜ)

Satz: Thorsten Weddig, Essen
Titelbild: MAK/Fotolia.com
Foto der Autorin: Nicole Teuber/Fotostudio Alte Metzgerei
Druck: Schaltungsdienst Lange oHG, Berlin

Vorwort

„Der Weg zum Erfolg als freiberuflicher Übersetzer führt über die Spezialisierung", behaupten die einen. „Ohne Diversifikation geht es nicht", die anderen. Doch wer hat Recht? Sollte man sich auf ein möglichst winziges exotisches Fachgebiet konzentrieren oder lieber möglichst viel aus möglichst unterschiedlichen Sparten anbieten, um viele Kunden bedienen zu können? Liegt die Lösung vielleicht irgendwo zwischen den beiden (vermeintlichen) Enden dieses Spektrums?

Was unterscheidet erfolgreiche Übersetzer von weniger erfolgreichen? Warum müssen einige Kollegen für ihren monatlichen Umsatz deutlich weniger Wörter übersetzen als andere? Es wäre zu einfach, darauf zu antworten: Sie sind spezialisiert. Denn natürlich spielen eine Menge weiterer Faktoren eine Rolle als nur der Fokus auf ein bestimmtes Fachgebiet, nämlich z. B. unternehmerische Kompetenz, Disziplin und manchmal einfach eine gehörige Portion Glück.

Aber wenn man sich die Arbeitsbereiche einiger der erfolgreichsten Kollegen ansieht, dann fällt doch auf, dass die wenigsten von ihnen ein sehr breit gefächertes Portfolio haben. Stattdessen konzentrieren sie sich auf Schwerpunkte. Sie arbeiten fokussiert. Nicht wenige Sprachmittler und Freiberufler anderer Branchen erliegen der Versuchung, einen Bauchladen voller Leistungen anzubieten, getreu dem Motto: *Wenn ich viel anbiete, habe ich auch viel zu tun.* Schon früh wird uns eingetrichtert: Wer viel weiß, ist auch erfolgreich – zumindest in der Schule war das so. Doch auf die Realität unseres Berufsalltags als selbstständige Übersetzer und Dolmetscher lässt sich das nicht übertragen. Dafür gibt einfach zu viel zu wissen und zu lernen, zu viele Wissensgebiete, und es werden immer mehr. Das stellt auch Kerstin Friedrich in ihrem Buch „Erfolgreich durch Spezialisierung" fest. Und ergänzt:

> „Selbst Gebiete, die gemeinhin schon als ‚Spezialisierung' gelten, sind derart umfangreich und ausdifferenziert, dass eine einzelne Person sie unmöglich in allen Nuancen bis zur Spitzenklasse beherrschen kann."[1]

1 Friedrich, Kerstin: Erfolgreich durch Spezialisierung. Radikal anders – radikal besser!. Redline Verlag, München, 3. überarb. Auflage 2014, S. 15

Anders formuliert: Wer seine Fähigkeiten auf ein sehr breites Spektrum an Dienstleistungen oder Fachgebieten verteilt, kann naturgemäß nicht besonders viel Energie in jede einzelne Dienstleistung und jedes einzelne Fachgebiet investieren.

Ich ziehe hierzu gerne den Zehnkämpfer zum Vergleich heran. Ohne Frage leistet er als Sportler Großes, und ich möchte diese Leistung keinesfalls herabsetzen, doch er ist ein anschauliches Beispiel, dessen sich auch Kerstin Friedrich bedient.

Ein Zehnkämpfer ist in zehn Disziplinen gleichzeitig stark – behauptet er. Dennoch: Gegen einen Sprinter, der ausschließlich kurze Distanzen läuft, hat er im Wettkampf keine Chance. Warum? Weil er sich im Training nicht auf eine Disziplin konzentrieren kann; er muss alle zehn beherrschen. Wenn Sie also Übersetzungen in verschiedenen Fachgebieten anbieten, müssen Sie wie ein Zehnkämpfer sehr viel Arbeit in die Beherrschung all dieser Fachgebiete investieren. Sie haben nicht die Zeit, sich auf ein einziges zu konzentrieren, das Sie dann besonders intensiv bearbeiten. Das signalisieren Sie auch Ihren Kunden. Ohne die Leistung des Zehnkämpfers schmälern zu wollen, zeigt sein Beispiel doch: Sich auf nur ein Gebiet zu konzentrieren zu können, zeugt von der Qualität einer Leistung, auch einer Dienstleistung. Mit einem spezialisierten Portfolio werden Sie von Ihren Kunden als Experte wahrgenommen, eben wie ein Spitzensportler, der sich auf eine einzige Disziplin konzentriert.

Ich bin der Überzeugung, dass Übersetzer nur durch eine geschickte Positionierung langfristig wirtschaftlich erfolgreich sein können. Und diese Positionierung erfolgt idealerweise über eine Spezialisierung. Wie man sich spezialisiert und was Spezialisierung genau bedeutet, soll dieses Buch aufzeigen. Und auch, wie man trotz einer Spezialisierung sein Portfolio verbreitert, um Risiken zu reduzieren und Wachstumspotenziale zu nutzen.

Sicher könnten einige Sprachmittler deutlich erfolgreicher am Markt sein, wenn sie sich auf bestimmte Fähigkeiten/Bereiche/Fachgebiete konzentrieren würden. Auf Vorträge und Artikel zu diesem Thema erfahre ich durchweg positive Reaktionen, aber ganz häufig auch ein Seufzen: „Ach ja, spezialisiert müsste man sein!" Na dann los! Es ist gar nicht so schwer.

Zwei Anmerkungen vorab: Sicher mögen einige Aspekte der Spezialisierung auf ein Fachgebiet auch auf festangestellte Übersetzer oder Dolmetscher zutreffen. Ich selbst verfüge über keine Erfahrung auf diesem Gebiet, war nie angestellt als Übersetzerin tätig. Daher beziehen sich die Inhalte dieses Buches vor allem auf freiberufliche Übersetzer. Sollten sich meine Ergebnisse dennoch auch auf angestellte Sprachmittler übertragen lassen, umso besser.

Auch als Dolmetscherin arbeite ich nicht, daher sind meine Ausführungen zur Spezialisierung von Dolmetschern allenfalls als Anregung zu verstehen, und ich bitte zu verzeihen, wenn Sie sich als Dolmetscher in diesem Buch nicht angemessen vertreten sehen. Ich hoffe, dass Sie die weitestgehend auf Übersetzer bezogenen Inhalte auch auf sich zu übertragen wissen und zudem vielleicht hilfreiche Anregungen im Interview mit Caroline Elias finden.

In diesem Buch wird vorwiegend die männliche Form der Berufsbezeichnungen gewählt (Sprachmittler, Übersetzer, Dolmetscher). Dies soll der Verallgemeinerung dienen und nicht als Diskriminierung verstanden werden.

Ich möchte mich bei Olga Dmitrieva, Tanja Güllicher, Nina Sattler-Hovdar, Caroline Elias und Magnús Kristinsson dafür bedanken, dass sie mir so bereitwillig und ausführlich Rede und Antwort zum Thema Spezialisierung und Diversifikation gestanden haben. Diese Interviews zeigen sehr eindrücklich, wie verschieden eine Positionierung als Übersetzer und Dolmetscher vonstatten gehen kann, wie unterschiedlich die Wege dahin sind und wie schwierig es manchmal selbst mit einer Spezialisierung sein kann. Vor allem aber demonstrieren sie: Es gibt nicht den einen Weg, das eine Patentrezept zu einer erfolgreichen Positionierung. Ich hoffe, mit diesem Buch eine Hilfestellung leisten zu können, damit Sie die für sich richtige Spezialisierung und Diversifikation finden (oder ggf. auch die bestehende Spezialisierung hinterfragen). Und ich freue mich, wenn Sie mir bei Gelegenheit berichten, ob Sie es bei Ihrer Positionierung hilfreich fanden.

Viel Vergnügen beim Lesen und vor allem viel Erfolg bei der Positionierung!

Ricarda Essrich
Düsseldorf im Januar 2017

Inhalt

1 Positionierung als freiberuflicher Übersetzer

Ich bin freiberufliche Übersetzerin. Und die meisten Leser dieses Buchs sind wahrscheinlich ebenfalls freiberuflich tätig. Aber was bedeutet das genau?

„Ein freier Beruf oder Freiberuf ist ein selbständig ausgeübter wissenschaftlicher, künstlerischer, schriftstellerischer, unterrichtender oder erzieherischer Beruf. Die freien Berufe haben im Allgemeinen auf der Grundlage besonderer beruflicher Qualifikation oder schöpferischer Begabung die persönliche, eigenverantwortliche und fachlich unabhängige Erbringung von Dienstleistungen höherer Art im Interesse der Auftraggeber und der Allgemeinheit zum Inhalt."[2]

Wir erbringen also Dienstleistungen, in diesem Fall Übersetzungs- oder Dolmetschleistungen, eigenverantwortlich und fachlich unabhängig. Das bedeutet: Wir entscheiden, wie wir arbeiten, für wen und zu welchen Konditionen. Viele Kollegen vergessen diesen Aspekt oft, wenn es um die Verhandlung von Honoraren und Lieferbedingungen geht. Doch man kann es gar nicht oft genug wiederholen: Wir legen die Regeln fest. Der Wortbestandteil „frei" im Wort Freiberufler impliziert das.

Mit der freiberuflichen Tätigkeit geht eine ganze Menge Freiheit einher. Aber auch – und darin liegt oft die Crux – viel Verantwortung. Als Freiberufler stehen wir Herausforderungen gegenüber, denen wir als Angestellte nicht ausgesetzt wären. Wir müssen die Buchhaltung machen, die Steuer erklären, wir müssen selbst Preise kalkulieren, alle administrativen Tätigkeiten erledigen und Werbung machen. All dies sind Aspekte einer unternehmerischen Tätigkeit. Auch wenn wir keine Mitarbeiter beschäftigen, führen wir ein Unternehmen und sollten bestrebt sein, dies so wirtschaftlich wie möglich zu tun.

---

2 zitiert nach Wikipedia, Freier Beruf https://de.wikipedia.org/wiki/Freier_Beruf_%28Deutschland%29, abgerufen am 26. Oktober 2016

1.1 Gefahren der Freiberuflichkeit

Laut statistischem Bundesamt gab es im Jahr 2015 rund 24.000 selbstständig tätige Dolmetscher und Übersetzer.[3] Doch nicht alle handeln auch unternehmerisch. Immer wieder höre ich von Kollegen, wenn sie frei entscheiden könnten, würden sie nur übersetzen, das ganze „Drumherum" mit Buchhaltung, Akquise, Administration etc. könne gerne entfallen.

Woran liegt es, dass sich so viele Übersetzer mit den unternehmerischen Aspekten ihrer Freiberuflichkeit nicht auseinandersetzen wollen?

Die Freiberuflichkeit ist für viele Kollegen vor allem für den Berufseinstieg häufig die einzige Lösung. Feste Anstellungen als Übersetzer gibt es nicht viele; zudem sind sie nicht besonders gut dotiert. Wer also Absage über Absage erhält und trotzdem im erlernten Beruf (z. B. nach einem Übersetzerstudium) arbeiten will, macht sich selbstständig. Doch nicht alle dieser (zumeist jungen) Kollegen sind sich der Konsequenzen einer Freiberuflichkeit wirklich bewusst. Zwar umfassen Übersetzerstudiengänge heutzutage meist auch einen praktischen Anteil, der sie auf die Freiberuflichkeit vorbereiten soll, doch auch das genügt nicht, um sich als Unternehmer erfolgreich zu positionieren. Es sind Erfahrung, Disziplin, Selbstbewusstsein und ein gewisses Maß an Stärke nötig, um Honorare realistisch kalkulieren und auch durchsetzen zu können oder sich durch geschicktes Marketing für potenzielle Kunden sichtbar zu machen. Neben ganz praktischem Wissen zu Buchhaltung und Co. sind dies Soft Skills, die man nicht im Studium lernt und die die wenigsten Übersetzer mitbringen, wenn sie jung in die Freiberuflichkeit starten.

Darüber hinaus wirkt sich aus, dass „Übersetzer" keine geschützte Berufsbezeichnung ist. Jeder kann sich „Übersetzer" nennen und loslegen. Es gibt keine Einstiegsvoraussetzungen, und so absurd es vielleicht klingen mag, im Grunde könnte man sich auch ganz ohne Sprachkenntnisse als Übersetzer selbstständig machen (oder es zumindest versuchen). Man beantragt einfach beim Finanzamt eine Steuernummer und legt los.

---

3 Auskunft des Statistischen Bundesamtes im Januar 2017

1.1.1 Einschub: Berufsbezeichnung schützen lassen oder nicht?

Dass der Beruf des Übersetzers nicht geschützt ist, ist ein Aspekt in unserem Beruf, der polarisiert. Es gibt Kollegen, die seit Jahren dafür kämpfen, Zugangsvoraussetzungen zu schaffen, damit nicht jeder, der in der Schule mehr schlecht als recht Englisch gelernt hat, als Übersetzer agieren darf. Nicht wenige vertreten die Ansicht, Übersetzer dürfe sich nur nennen, wer ein Übersetzerstudium oder eine IHK-Prüfung abgelegt hat. Auf der anderen Seite stehen Kollegen (oft Quereinsteiger wie ich), die zu Recht entgegnen, eine Vielzahl hoch qualifizierter Kollegen, die keine derartige Prüfung absolviert haben, würde dadurch aus dem Markt gedrängt oder gezwungen, trotz jahrelanger Tätigkeit plötzlich wieder Prüfungen ablegen zu müssen, um ihre Qualifikation nachzuweisen.

Eine geschützte Berufsbezeichnung, die nur über Zertifizierung oder bestimmte Studienabschlüsse erreicht werden könne, diene dem Kunden als Qualitätsmerkmal, heißt es oft. Doch ist das auch so? Sagt ein Zertifikat etwas über die Qualität eines Fachübersetzers aus? Nur weil jemand sein Studium mit einem Übersetzerdiplom abgeschlossen und vielleicht gar Wirtschaft als Fachrichtung gewählt hat, bedeutet nicht, dass er den Jahresabschluss des Kunden ABC fachgerecht übersetzen kann. Denn die im Studium erworbenen Kenntnisse bieten vielleicht einen Einstieg in ein Fachgebiet und in die Branche als solche, doch für einen guten Übersetzer braucht es doch auch Berufserfahrung und ständige Weiterbildung.

Lassen wir den Markt sich selbst regulieren. Wer Angst vor nicht qualifizierten Kollegen hat, die in der Regel vor allem über den Preis versuchen, Aufträge zu generieren, sollte nicht die Position der anderen, sondern seine eigene infrage stellen. Wer sich im Markt geschickt positioniert, seine Zielgruppe kennt und sein Angebot entsprechend ausrichtet, muss Konkurrenz durch vermeintlich weniger qualifizierte Kollegen nicht fürchten.

1.2 Zu viel Konkurrenz?

Man kann sich zur Frage der geschützten Berufsbezeichnung stellen, wie man will: Aktuell ist „Übersetzer" kein geschützter Beruf, wir haben es also mit einer Vielzahl von Kollegen und einem entsprechend undurchsichtigen Markt zu tun. In der Folge greifen hier zunächst einmal die normalen Marktmechanismen: Angebot und Nachfrage regeln den Preis. Auf den ersten Blick haben wir in Deutschland vor allem bei Englisch als Ausgangssprache ein riesiges Angebot und im Vergleich dazu zwar eine große, aber keine ausreichende Nachfrage. Die Folge: Preisdruck. Kunden können nicht sofort erkennen, ob sie es mit einem qualifizierten Übersetzer zu tun haben oder nicht. Oberflächlich betrachtet bieten sehr viele Übersetzer das gleiche an. Sie sind austauschbar. Und wenn der Kunde nicht weiß, auf welcher Grundlage er sich für einen Übersetzer entscheiden soll, entscheidet er im Zweifel nach dem Preis. Das muss nicht zwangsläufig bedeuten, dass er dafür auch schlechte Qualität bekommt. Umgekehrt lässt ein hoher Preis nicht zwangsläufig den Rückschluss zu, dass die Qualität, die man bekommt, auch sehr gut ist. Aber die Chance ist doch einigermaßen hoch.

Denn seien wir mal ehrlich: Wer für eine Übersetzung nur die Hälfte dessen verlangt, was andere dafür veranschlagen, kalkuliert entweder sehr schlecht und liefert zwar gute Qualität, braucht aber im Verhältnis zum Honorar unrentabel lange für die Übersetzung. Oder er kalkuliert gut, kann aber dann nicht besonders viel Zeit in die Qualitätssicherung stecken.

Wer aus der Masse herausragen will, muss Strategien entwickeln, um sein Unternehmen, seine Dienstleistung so am Markt zu platzieren, dass er bei diesem Preiswettkampf nicht mitmachen muss. Er muss dem Kunden einen Ansatzpunkt bieten, der ihn (abgesehen vom Preis) von den anderen Kollegen unterscheidet.

„Der Spezialist erzeugt per se sehr viel höhere Aufmerksamkeit als der Allrounder. Er ragt aus der Masse derjenigen, die austauschbare Angebote anbieten, regelrecht heraus. Daraus ergibt sich unter Umständen eine so große Anziehungskraft, dass die Rahmenbedingungen eine untergeordnete Rolle spielen."[4]

Ein Alleinstellungsmerkmal muss her. Denn nur dann regelt sich auch das Problem mit zu viel Konkurrenz. Ich behaupte: Wer am großen Übersetzungsmarkt seine Nische gefunden und sich erfolgreich positioniert hat, hat

4 Friedrich a.a.O, S. 42

keine Konkurrenz, sondern allenfalls Kollegen, mit denen er oder sie sogar kooperieren kann. Und nicht selten führt gerade das zu mehr Aufträgen.

1.3 Positionierung ist lukrativ

Es ist eine einfache Formel: Wer keine Konkurrenz hat, bestimmt den Preis.[5] Wer weiß, dass der Kunde nur bei ihm das findet, was er braucht, kann selbstbewusst kalkulieren und muss sich dabei nicht an anderen orientieren. Gut positionierte Übersetzer verdienen besser.

„Unternehmen, die ständig Preiszugeständnisse machen müssen, sind austauschbar und damit erpressbar. Sie sind machtlos. Wer jedoch einen deutlich höheren Nutzen bietet als alle Mitbewerber, kann sicher sein, dass der Kunde dies auch honoriert."[6]

Schauen wir uns diese Zahlen zu den Umsätzen von freiberuflichen Übersetzern und Dolmetschern an. Sie stammen aus einer Honorarumfrage, die der Bundesverband der Dolmetscher und Übersetzer e. V., BDÜ, bei dem Soziologen Prof. Dr. Hommerich im Jahr 2016 in Auftrag gegeben hat. Die Mitglieder des Verbandes wurden gebeten, die Leistungen und Aktivitäten des Verbands zu bewerten. Beleuchtet wurde dabei auch die wirtschaftliche Situation u. a. der selbstständig tätigen Dolmetscher und Übersetzer, und zwar bezogen auf das Jahr 2015. Eine vergleichbare Untersuchung wurde bereits im Jahr 2011 (bezogen auf das Jahr 2010) durchgeführt. In einigen der im Folgenden aufgeführten Grafiken sind die Ergebnisse der beiden Umfragen im Vergleich dargestellt.

5 Im Rahmen gewisser Grenzen. Nur sehr theoretisch ist eine Situation vorstellbar, in der der Übersetzer eine so einzigartige und so unbedingt erforderliche Leistung bringt, dass er den Preis beliebig festsetzen und sicher sein kann, der Kunde zahlt diesen Preis, koste es, was es wolle. In der Regel gelten Marktpreise, die ein Übersetzer durch geschickte Positionierung zwar nach oben verschieben, jedoch kaum vollständig aushebeln können wird. Der Seitenpreis für eine Literaturübersetzung wird sich in Deutschland wahrscheinlich nur in Ausnahmefällen über 25 Euro bringen lassen; und die Abrechnung einer Übersetzung oder eines Dolmetscheinsatzes für Justiz- oder Strafverfolgungsbehörden ist sogar gesetzlich geregelt.

6 Friedrich a.a.O, S. 10

Es handelte sich um eine Online-Befragung, an der sich 1685 Mitglieder beteiligt haben. Für meine Argumentation möchte ich mich auf die Vollzeit tätigen Selbstständigen beschränken, in der Annahme, dass bei Teilzeit tätigen Selbstständigen zu viele verschiedene Faktoren (wie familiäre Situation, weiteres Einkommen, weitere Tätigkeiten) eine Rolle spielen, die das Ergebnis verwässern würden.

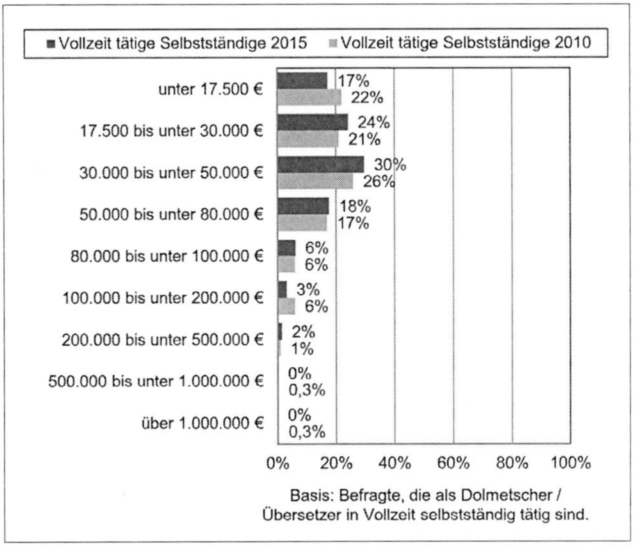

Abb. 1: Umsätze der Vollzeit selbstständig tätigen Dolmetscher und Übersetzer[7]

- 17 % der Vollzeit (!) tätigen selbstständigen Übersetzer haben im Jahr 2015 weniger als 17.500 Euro erwirtschaftet. Immerhin ist diese Zahl im Vergleich zu 2010 etwas zurückgegangen.
- 30 % gaben einen Umsatz zwischen 30.000 und 50.000 Euro an.
- 18 % erwirtschafteten zwischen 50.000 und 79.999 Euro.
- Nur 5 % erreichten mehr als 100.000 Euro Umsatz.

7 Hommerich, Prof. Dr. Christoph/Reiß, Nicole: Ergebnisse der BDÜ-Mitgliederbefragung, Bergisch Gladbach, August 2016, S. 81

Angesichts dieser Zahlen wird die prekäre Situation vieler Übersetzer und Dolmetscher in Deutschland deutlich. Noch dazu, wenn man bedenkt, dass es sich hier um Umsätze handelt. Es möge sich jeder selbst ausrechnen, was nach Abzug von Steuern, Leistungen zur Sozialversicherung, privater Vorsorge und betrieblichen Kosten zum Leben bleibt. Anschaulich wird das auch mit der nachfolgenden Grafik:

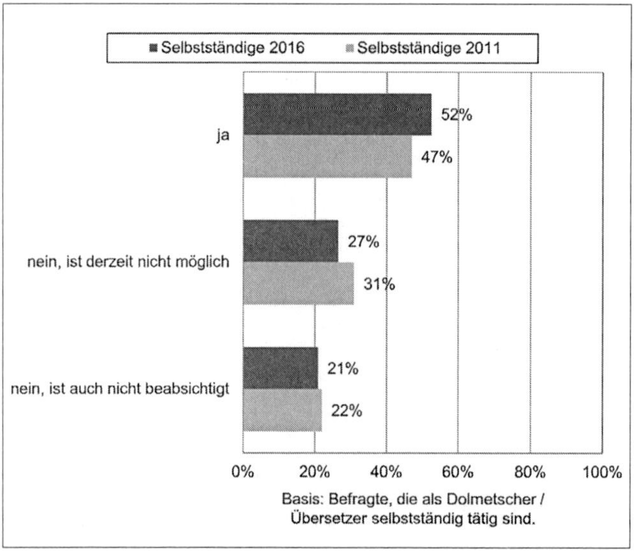

Abb. 2: Finanzierung des Lebensunterhalts aus der Tätigkeit als Dolmetscher und / oder Übersetzer, nur Selbstständige im Jahresvergleich[8]

Nur etwa die Hälfte der selbstständig tätigen Übersetzer und Dolmetscher ist in der Lage, mit der freiberuflichen Tätigkeit den eigenen Lebensunterhalt zu bestreiten. Die anderen sind auf die Unterstützung eines mitverdienenden Ehepartners oder Familienmitglieds angewiesen, haben weitere Einkünfte oder sind aus anderen Gründen so gut gestellt, dass sie ihren Lebensunterhalt nicht ausschließlich mit Übersetzen bestreiten müssen oder wollen.

8 Hommerich/Reiß a.a.O, S. 87

Ich würde die Zahlen dieser Studie absichtlich falsch auslegen, wenn ich schließen würde, dass diejenigen, die den Lebensunterhalt aus ihrer Tätigkeit bestreiten können, spezialisiert sind, und die anderen nicht. Die Studie aus dem Jahr 2011 hätte ein derartiges Ergebnis noch gestützt:

	Vollzeit tätige Verbandsmitglieder, die ihren Lebensunterhalt durch ihre Tätigkeit als Dolmetscher / Übersetzer finanzieren möchten, aber nicht können, zeigen folgende Merkmalsausprägungen	
Merkmal	**signifikant häufiger**	**signifikant seltener**
Geschlecht	weiblich	männlich
Ausbildungshintergrund	sonstige Ausbildung in anderem Beruf	-
Art der beruflichen Tätigkeit	Sprachlehrer	Softwarelokalisierer
Dauer der Berufstätigkeit	weniger als 5 Jahre	länger als 20 Jahre
Größe des Büros	arbeitet alleine	arbeitet mit Partner(n) / Mitarbeiter(n)
Zusammenarbeit in einem Netzwerk	nein	ja
Weitergabe von Aufträgen an Kollegen	selten / nie	häufig / gelegentlich
Spezialisierung	Generalist	Spezialist
wenn Spezialisierung, dann im Bereich	Kultur, Erziehung, Bildung	Industrie und Technik allgemein Informationstechnologie Sport, Freizeit und Touristik
Bestellung, Beeidigung, Ermächtigung	-	als Dolmetscher und Übersetzer

Abb. 3: Merkmale der Vollzeit tätigen Dolmetscher und Übersetzer, die ihren Lebensunterhalt nicht durch ihre Tätigkeit Finanzierung bestreiten können[9]

Im Jahr 2010 waren diejenigen, die in Vollzeit arbeiten und ihren Lebensunterhalt davon bestreiten können, eher Spezialisten mit einer Spezialisierung im Bereich Industrie und Technik, IT, Sport oder Freizeit und Touristik.

9 Hommerich/Reiß a.a.O, S. 53

Betrachtet man die folgende Grafik, ist deutlich zu erkennen, dass sich ein solch eindeutiger Rückschluss nicht mehr ziehen lässt:

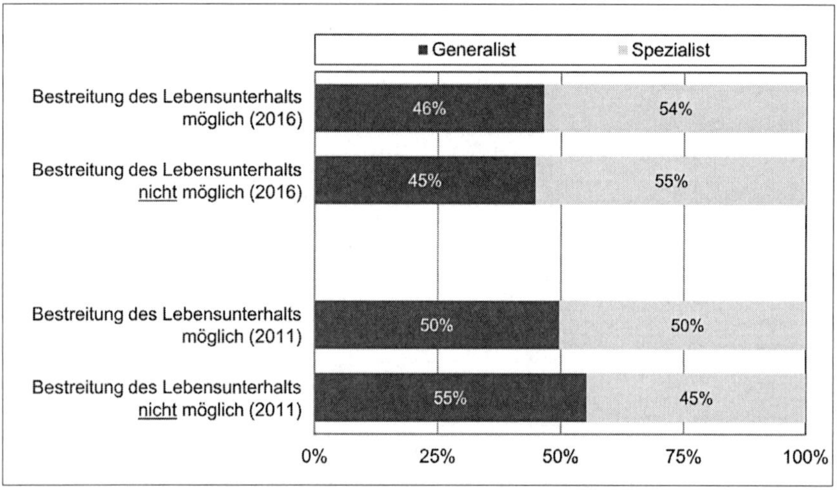

Abb. 4: Sicherung des Lebensunterhalts nach Generalisten/Spezialisten. Die Basis waren nur Befragte, die selbstständig in Vollzeit tätig sind und beabsichtigen, von ihrer Tätigkeit ihren Lebensunterhalt zu bestreiten.[10]

Tatsächlich ist inzwischen die Mehrheit der Dolmetscher und Übersetzer, die von ihrer Tätigkeit leben können, nicht spezialisiert. Über die Ursachen hierfür kann man nur spekulieren; ein Aspekt dürfte die insgesamt bessere wirtschaftliche Situation in der Branche sein; durch neuere Technologien wird immer mehr Inhalt produziert, der übersetzt werden muss. Anders ausgedrückt: Der Kuchen, den sich die am Markt tätigen Sprachmittler teilen müssen, ist größer.

Um vom Übersetzen oder Dolmetschen leben zu können, muss man also der Studie zufolge nicht unbedingt spezialisiert sein. Ist man es doch, wirkt sich die Art der Spezialisierung, der Bereich, in dem man tätig ist, auf die Umsätze aus, wie die folgende Grafik zeigt.

10 Hommerich/Reiß a.a.O, S. 3

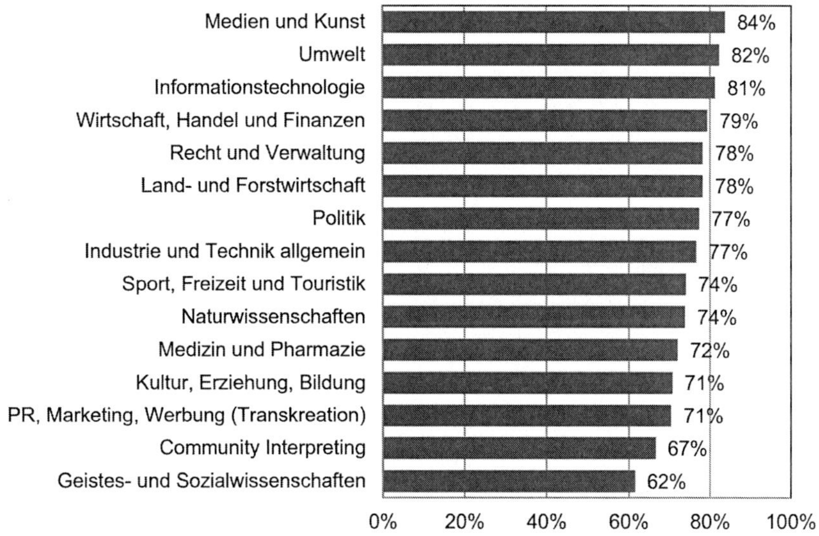

Lesebeispiel: Von den vollzeittätigen selbstständigen Befragten, die sich auf „Medien und Kunst" spezialisiert haben, können 84% ihren Lebensunterhalt mit ihrer Tätigkeit als Dolmetscher / Übersetzer bestreiten.

Abb. 5: Felder der Spezialisierung, nur Übersetzer/Dolmetscher, die ihren Lebensunterhalt mit ihrer Tätigkeit bestreiten können[11]

Besonders lukrativ sind der Studie nach Spezialisierungen in den Feldern Medien und Kunst, Umwelt, Informationstechnologie, Wirtschaft, Handel und Finanzen, Recht und Verwaltung, Politik und Industrie und Technik allgemein. In all diesen Bereichen schaffen es immerhin mehr als drei Viertel der Sprachmittler, ihren Lebensunterhalt zu bestreiten.

11 Hommerich/Reiß a.a.O, S. 107

Aber als Unternehmer haben wir vielleicht nicht nur das Ziel zu überleben, wir wollen unser Geschäft erfolgreich betreiben und es vielleicht sogar ausbauen. Dafür sind höhere Umsätze erforderlich. Und hier zeigt sich ein interessanter Trend im Hinblick auf die Frage, welche Spezialisierungen besonders lukrativ sind:

> **Frage 50: Wer erwirtschaftet welche Netto-Honorarumsätze?**
>
> Netto-Honorarumsätze bis unter 17.500 € erwirtschaften häufiger
> - weibliche Verbandsmitglieder;
> - Verbandsmitglieder mit einem Abschluss an einer deutschen Hochschule als Dolmetscher / Übersetzer (Bachelor);
> - Verbandsmitglieder, die als Übersetzer oder Sprachlehrer tätig sind;
> - Verbandsmitglieder, die weniger als 5 Jahre berufstätig sind;
> - Verbandsmitglieder, die über kein Kollegen-Netzwerk verfügen;
> - Verbandsmitglieder, die selten / nie Übersetzungen und Dolmetschaufträge an Kollegen weitergeben;
> - Spezialisten mit einer Spezialisierung in den Bereichen „Kultur, Erziehung, Bildung" und „Geistes- und Sozialwissenschaften";
> - Verbandsmitglieder, die als Übersetzer beeidigt, bestellt bzw. ermächtigt sind und
> - Verbandsmitglieder, die nicht in der Lage sind oder gar nicht beabsichtigen, mit ihrer Tätigkeit als Dolmetscher und Übersetzer ihren Lebensunterhalt zu bestreiten.

> **Frage 50: Wer erwirtschaftet welche Netto-Honorarumsätze?**
>
> Netto-Honorarumsätze 17.500 € bis unter 50.000 € erwirtschaften häufiger
> - weibliche Verbandsmitglieder;
> - Verbandsmitglieder, die als Übersetzer tätig sind;
> - Verbandsmitglieder, die zwischen 5 bis 20 Jahren berufstätig sind;
> - Verbandsmitglieder, die alleine arbeiten;
> - Spezialisten mit einer Spezialisierung in den Bereichen „Kultur, Erziehung, Bildung", „Geistes- und Sozialwissenschaften", „Medien und Kunst", „Informationstechnologie" und „Sport, Freizeit und Touristik" und
> - Verbandsmitglieder, die entweder nicht oder aber als Übersetzer beeidigt, bestellt bzw. ermächtigt sind.

Frage 50: Wer erwirtschaftet welche Netto-Honorarumsätze?

Netto-Honorarumsätze über 50.000 € erwirtschaften häufiger

- männliche Verbandsmitglieder;
- Verbandsmitglieder mit einem anderen deutschen Hochschulabschluss;
- Verbandsmitglieder, die als Dolmetscher tätig sind;
- Verbandsmitglieder, die länger als 20 Jahre berufstätig sind;
- Verbandsmitglieder, die über ein Kollegen-Netzwerk verfügen;
- Verbandsmitglieder, die gelegentlich / häufig Übersetzungen und Dolmetschaufträge an Kollegen weitergeben;
- Spezialisten mit einer Spezialisierung in den Bereichen „Wirtschaft, Handel und Finanzen";
- Verbandsmitglieder, die als Dolmetscher bzw. als Dolmetscher <u>und</u> Übersetzer beeidigt, bestellt bzw. ermächtigt sind und
- Verbandsmitglieder, die in der Lage sind mit ihrer Tätigkeit als Dolmetscher / Übersetzer ihren Lebensunterhalt zu bestreiten.

Abb. 6: Merkmalstruktur der Übersetzer und Dolmetscher nach Umsatzkategorien[12]

Die höchsten Umsätze lassen sich derzeit offenbar als Fachübersetzer oder Dolmetscher im Bereich „Wirtschaft, Handel und Finanzen" erzielen. Es fällt auf, dass sich eine Spezialisierung im Feld „Industrie und Technik" zumindest im Hinblick auf höhere Umsatzbereiche nicht signifikant auswirkt. Sie ist offenbar immer noch lukrativ (siehe Abb. 5), aber nicht ganz so lukrativ wie eine Spezialisierung auf den Finanzbereich.

Sprachmittler, die sich besonders gut mit Finanzen und Wirtschaft auskennen, verdienen besonders gut. Aber wieso ist das so? Welche Mechanismen wirken hier? Warum heben sich diese Kollegen im Wettbewerb von der Konkurrenz ab? Warum müssen sie bei der ständigen Abwärtsspirale der Preise für Übersetzungen und Dolmetschleistungen nicht mitmachen? Das soll Kapitel 3 aufzeigen.

12 Hommerich/Reiß a.a.O, S. 84-86

2 Interview mit Nina Sattler-Hovdar

Nina Sattler-Hovdar ist zweisprachig aufgewachsen und übersetzt aus dem Englischen, Norwegischen und Dänischen ins Deutsche. Unter anderem hat sie sich auf Transkreation spezialisiert.

Kannst Du beschreiben, was Du machst und in welchen Bereichen Du arbeitest? Wer sind Deine Kunden?

Ich arbeite einerseits als Fachübersetzerin für Fachtexte zu BWL/VWL, Management, Marketing und Werbung sowie Finanzen und Verträge aus dem Englischen, Norwegischen und Dänischen ins Deutsche. Zusätzlich habe ich mich auf die Übertragung imagesensibler Kommunikationstexte spezialisiert. Meine Kunden sind sowohl Übersetzungsunternehmen als auch Endkunden im Kommunikationsbereich.

Unter den Fachgebieten führst Du auf Deiner Website vor allem Marketing, Werbung und PR auf. Zusammenfassen könnte man sie vielleicht unter dem Begriff „Transkreation". Wie kam es zu diesem Schwerpunkt?

„Transkreation" ist eine etwas sperrige bzw. artifizielle Bezeichnung, hat sich aber dermaßen eingebürgert, dass ich sie übernommen habe. Zu verstehen ist darunter ein Prozess, der über das herkömmliche Verständnis einer Übersetzung weit hinausgeht, da im Anschluss an die Übersetzung der Text meist umfassend überarbeitet bzw. neu getextet werden muss, um in der Zielgruppe denselben Effekt zu erzielen wie in der Ausgangssprache.

Wie ich dazu kam? Nun, ich bin zweisprachig aufgewachsen, und es faszinierte mich schon als Kind, dass ich auf Deutsch in der Regel andere Formulierungen verwendete als auf Norwegisch, um eigentlich dasselbe auszudrücken. Ich habe in Gedanken nie „übersetzt", sondern immer frei heraus gesprochen und in der jeweiligen Sprache gedacht. Das fiel mir ganz leicht. Das spätere Dolmetscherstudium war daher eine logische Konsequenz.

Nach meinem Dolmetscherstudium habe ich einige Jahre „branchenfremd" in der Marktforschung und strategischen Planung gearbeitet und durch „training on the job" und Zusammenarbeit mit Werbeagenturen sowie autodidaktische Fortbildung im Marketing viel über Markenpolitik und Konsumentenpsychologie gelernt. Diese Arbeit hat mich fasziniert. Nach der Geburt meines Sohnes und einer kurzen Auszeit, die ich zum Nachdenken über meine eigene Positionierung verwendete, beschloss ich, meine verschiedenen Kompetenzen – die fachliche und praktische Erfahrung als Dolmetscherin und Übersetzerin, das interkulturelle Einfühlungsvermögen durch jahrelanges Leben und Arbeiten im Ausland, die Expertise im Marketing – zusammenzuführen und mich auf die „adaptive Übertragung" von Kommunikationstexten zu spezialisieren.

Warum ist Transkreation Deiner Meinung nach so wichtig? Was ist das Besondere daran?

Für ein Unternehmen gibt es kaum Wichtigeres als sein Image. Dieses Image wird durch laufende Kommunikation gepflegt. In die Entwicklung der Kommunikationstexte (Werbung, PR im weitesten Sinne) wird daher meist viel Zeit und Geld investiert. Den meisten Auftraggebern ist jedoch nicht klar, dass diese imagesensiblen Botschaften, die sie vermitteln möchten, in einer anderen Sprache anders ausgedrückt werden müssen. Es bedarf daher weit mehr als „nur" einer Übersetzung, z. B. wie bei einem Vertrag, in dem man relativ wortgetreu bleiben muss. Zusätzlich zur eigentlichen Übersetzung, also der inhaltlich, terminologisch und grammatikalisch korrekten Übertragung, muss der Kommunikationstext auch noch von den Formulierungen her und unter Umständen sogar konzeptionell wesentlich überarbeitet und sprachlich umfassend „poliert" werden, um denselben positiven und gewollten Image-Effekt zu erzielen. Hier sparen Kunden oft, weil ihnen nicht klar ist, dass der übersetzende Texter denselben strategisch-kreativen Prozess und denselben sprachlichen Optimierungsprozess durchlaufen muss wie der Texter des Ausgangsdokuments. Der Imageschaden durch eine reine Übersetzung, die zwar inhaltlich und grammatikalisch korrekt ist, aber die Zielgruppen nicht genauso effektiv und positiv anspricht wie der Ausgangstext, kann enorm ausfallen. Hier wird oft am falschen Fleck gespart.

Wie verfährst Du, wenn fachfremde Projekte bei Dir angefragt werden? Lehnst Du kategorisch ab, wenn ein Auftrag nicht in Deine Fachgebiete passt?

Ja, wenn ich der Meinung bin, bei einem Auftrag nicht die optimale Besetzung zu sein, gebe ich dem Kunden die Kontaktdaten von Kolleg(inn)en, die meiner Meinung nach besser geeignet sind. Mein Ziel ist es, meinen Kunden stets eine optimale Lösung zu bieten, und dies ist meine oberste Maxime. Dieses Bemühen spüren die Kunden und schätzen es.

Anfang 2016 ist im BDÜ Fachverlag Dein Buch „Translation – Transkreation" erschienen. Du hältst auch Vorträge zu diesem Thema. Was hat Dich dazu bewogen, Dein Wissen zu teilen?

Bereits 2006 habe ich begonnen, Vorträge zu diesem Thema auf internationalen Konferenzen zu halten und Artikel zu veröffentlichen. Der Auslöser war eigentlich, dass ich in verschiedenen Online-Foren und bei Auftraggebern (vor allem Übersetzungsunternehmen) fortlaufend Aufklärung betrieb und feststellte, welch große Wissenslücke da herrscht. Es war mir einerseits ein Anliegen, anderen zu helfen, andererseits hoffte ich auch, meine eigene Aufklärungsarbeit durch die größere Reichweite öffentlicher Auftritte reduzieren zu können. Das Buch kam deshalb zustande, weil der Ruf danach immer lauter wurde. Es heißt so schön, durch Teilen wird man reicher. So sehe ich das auch: Ich fürchte durch das Teilen meines Wissens keine Konkurrenz, sondern verspreche mir vielmehr eine bessere Zusammenarbeit auf breiter Ebene. Alleine zu kämpfen ist schwierig. Und unlustig.

Sind Publikationen und Vorträge eine sinnvolle Art, sich als Expertin in einem bestimmten Bereich zu positionieren? Hat sich diese Präsenz auf Dein Business ausgewirkt?

Absolut! Ja und ja.

Was würdest Du Übersetzern empfehlen, die ebenfalls im Bereich Transkreation tätig sein möchten? Gibt es Weiterbildungsmöglichkeiten?

Ich habe zu meinem Buch fantastische Rückmeldungen erhalten: so praxisbezogen, kurzweilig, man fühle sich so verstanden, eine Fülle von guten Tipps. Erst kürzlich hielt ich dazu einen Workshop in Hamburg und das Feedback war überwältigend. Abgesehen von verschiedenen Kreativitätstechniken, die man erlernen kann, ist das größte Problem der Kolleginnen und Kollegen in diesem Bereich, dass sie das Gefühl haben, es nicht richtig anzugehen. Wir stehen uns oft selbst im Weg, sind „Zweifler und Tiefstapler". Aufzuzeigen, wie es andere machen, vorhandene Potenziale zu erschließen und vor allem, sich selbst zu finden, zu positionieren und entsprechend zu „verkaufen" war daher mein großes Anliegen bei diesem Workshop, und genau das war es auch, was die Gruppe brauchte. Die Dynamik, die sich im Zuge der Arbeit bei diesem Workshop entfaltete, war fantastisch, und ich freue mich total, einigen Kolleginnen und Kollegen ein gutes Stück auf ihrem Weg weitergeholfen zu haben. Weiterbildungsmöglichkeiten: siehe Tipps in meinem Buch.

Welche Chancen siehst Du für Übersetzer in der Zukunft? Was glaubst Du, wie sich der Markt entwickeln wird?

In den frühen 1990er-Jahren entdeckte ich die Bücher der Positionierungsgurus Al Ries und Jack Trout. Was sie damals schrieben, gilt heute noch. Eben las ich wieder einen Satz von Ries & Ries auf LinkedIn: A brand becomes stronger when you narrow its focus. Genauso ist es. Ein spitzer Fokus, ein bestimmtes Alleinstellungsmerkmal ist wichtig, wenn man sich von der Masse abheben möchte. Viele Übersetzer sind mit Volumen und Masse zufrieden und das ist auch gut so, auch dafür gibt es großen Bedarf. Wer aber im Premium-Segment tätig sein möchte, wer täglich neue und anspruchsvolle Herausforderungen schätzt, sollte eine unschlagbare Kombination, sprich Spezialisierung anbieten. Ich empfehle eine Positionierung, mit der man zum „Top of Mind" wird, also zu jener Marke oder (in unserem Fall) Serviceanbieter, der einem als erstes einfällt, wenn eine bestimmte Kombination gefragt ist. Spezialisierung, in welcher Form auch immer (und Möglichkeiten gibt es genug) halte ich im Premium-Segment für unabdingbar.

3 Positionierung durch Spezialisierung

Nehmen wir einmal die Sicht des Kunden ein: Dieser benötigt eine Unternehmensbroschüre in englischer Fassung. Der mit der Vergabe von Übersetzungen nicht ganz so erfahrene Direktkunde wird vermutlich als erstes eine Suchmaschine bemühen und wenig differenziert „Übersetzung Deutsch Englisch" eingeben. Wie viele Treffer dabei herauskommen, kann sich jeder vorstellen. Wie soll er sich da für einen Übersetzer entscheiden? Oberflächlich betrachtet bieten zunächst einmal alle das Gleiche an. Der Kunde kann sich durch die verschiedenen Webseiten klicken und Angebote einholen. Aber zunächst hat er keine andere Entscheidungsgrundlage als den Preis.

Wir, die wir von unserer freiberuflichen Tätigkeit als Übersetzer oder Dolmetscher leben wollen oder müssen, möchten aber unsere Preisvorstellungen durchsetzen. Wir müssen aus dieser Preisspirale ausbrechen. Also brauchen wir etwas anderes, um den Kunden auf uns aufmerksam zu machen. Ein Alleinstellungsmerkmal, das uns von der Masse abhebt.

Wir müssen dem Kunden etwas bieten, das er braucht und das er bei den anderen nicht bekommt. Einen Mehrwert. Im Falle unseres Direktkunden mit der Unternehmensbroschüre könnte es sich für uns schon ausgezahlt haben, wenn wir auf unserer Website direkt sichtbar „Übersetzungen von Marketingmaterial" oder „Unternehmensbroschüren" stehen hätten. Nicht, dass wir allein durch diese wenigen Worte besser qualifiziert wären als andere Übersetzer, die nur „Übersetzungen Deutsch-Englisch" anbieten. Aber der Kunde erkennt einen Bezug zu seinem Problem, er wird sich sofort bei uns besser aufgehoben fühlen.

"Understanding what the customer needs and evaluating if we can provide them with extra help by offering them a more tailored service is one of the healthiest ways to run a business."[13]

13 Martelli, Alessandra: Copywriting, in: Adams, Nicole Y.: Diversification in the language industry: Success beyond Translation. NYA Communications 2013, S. 127

Wir positionieren uns also am Markt mit einem ganz konkreten, auf die Bedürfnisse des Kunden zugeschnittenen Angebot, kurz: Wir spezialisieren uns.

Manch ein Kollege entgegnet auf diesen Ansatz: „Warum sollte ich mich so einschränken? Wenn ich viel anbiete, habe ich auch viel zu tun!" Vielleicht ist das sogar so. Vielleicht haben Sie sehr viel zu tun. Aber sicher lassen sich damit keine sechsstelligen Jahresumsätze erzielen, wie sie immerhin 5 % der Studienteilnehmer (siehe Kap. 1.3, Abb. 1) angeben. Ich behaupte, Sie müssten für Ihren Umsatz viel mehr arbeiten, als es ein Spezialist müsste. Stellen Sie sich umgekehrt vor, Sie könnten in Ihrer Arbeitszeit plötzlich viel mehr Geld mit dem gleichen Aufwand umsetzen. Oder für das gleiche Geld weniger arbeiten, hätten mehr Zeit für andere Dinge. Dass Spezialisierung keineswegs eine Einschränkung bedeutet, erläutere ich auch in Kapitel 7.4.

3.1 Qualität statt Quantität

Fokussierung lohnt sich – auch finanziell. Um das zu verdeutlichen, möchte ich nochmals an den Zehnkämpfer erinnern, den ich eingangs erwähnte. Um alle 10 Disziplinen auf Wettkampfniveau zu beherrschen, muss der Zehnkämpfer sich extrem anstrengen. Und trotzdem wird er niemals genauso leistungsfähig sein wie ein Wettkämpfer, der sich auf eine oder einige wenige Disziplinen konzentriert. Auf Übersetzer übertragen bedeutet das: Wer zehn Fachgebiete bedienen will, kann sich in keinem so gut auskennen, wie er es könnte, wenn er sich auf nur eines konzentrieren würde. Das geht zulasten der Qualität.

Und Qualität kann man verkaufen – konkret in Form von höheren Honoraren, aber auch abstrakter als Merkmal bei der eigenen Außendarstellung. Wer sich auf ein Gebiet konzentriert, signalisiert, dass er sich stetig und professionell damit intensiv auseinandersetzt und (aller Wahrscheinlichkeit nach) bessere Qualität liefern kann.

Breite Angebotspalette an Dienstleistungen (Bauchladen)	**Fokussierung auf ein Fachgebiet, ein Thema, einen Service**
→ Beschäftigung mit zu vielen Themen zulasten der Qualität	→ Qualität durch intensive Auseinandersetzung

Der Kunde bekommt einen Mehrwert, nämlich nicht nur eine Übersetzung, sondern eine fachlich korrekte, qualitativ hochwertige Übersetzung, weil wir uns in dem, was wir anbieten, sehr gut auskennen. Dadurch heben wir uns von der Konkurrenz ab. Und wer keine Konkurrenz hat, bestimmt den Preis.

Höhere Honorare erzielen wir außerdem, weil in der Regel Kunden eher bereit sind, für mehr Qualität mehr Geld zu bezahlen. Das Vertrauen in die Professionalität unserer Dienstleistung steigt. Sicher kennen Sie das auch bei anderen Produkten oder Dienstleistungen: Der Sternekoch kann seine Speisen im Restaurant teurer verkaufen als der Besitzer der Dönerbude um die Ecke, weil wir auf seine Expertise, seine Ausbildung und seine jahrelange Erfahrung vertrauen. Dieses Vertrauen in die Qualität unseres Produktes ist das, was auch wir für unser Angebot anstreben sollten.

„Dienen auf hohem Niveau muss verbunden sein mit Verdienen auf hohem Niveau!"[14]

3.1.1 Anforderungen an ein Alleinstellungsmerkmal

Wir wollen uns mit einem Alleinstellungsmerkmal von anderen Übersetzern abheben, den Kunden auf uns aufmerksam machen und so mehr Geschäft zu höheren Preisen generieren.

Was aber sollte dieses Alleinstellungsmerkmal können, außer dass es uns von anderen Übersetzern unterscheidet?

- Es sollten möglichst hohe Lerngewinne erzielt werden können.
- Der Kundennutzen sollte im Vordergrund stehen.

3.1.1.1 Lerngewinne

Wenn wir uns in ein neues Gebiet einarbeiten, eine neue Lösung für Kundenbedürfnisse entwickeln, profitieren wir nur davon, wenn wir die erwor-

14 Friedrich a.a.O, S. 205

benen Kenntnisse möglichst häufig einsetzen können und nicht für jeden Auftrag das Rad neu erfinden müssen. Wer ein Produkt herstellt, richtet in der Regel die Produktionsstraße einmal ein, hat also hohe Anfangskosten. Doch je größer die Stückzahlen sind, die er produziert, desto schneller rechnet sich die Investition. Für uns Wissensarbeiter funktioniert das nicht so einfach – mehr Wörter bedeuten mehr Arbeit, ein Mengenrabatt ist daher kein sinnvolles Instrument, um mögliche Kunden von sich zu überzeugen. Doch die Investition in die Produktionsstraße lässt sich durchaus mit der Investition in den Erwerb von Fachkenntnissen vergleichen. Und diese Investition lohnt sich umso mehr, je häufiger wir unser Wissen anwenden können.[15]

„Wer immer wieder neue Probleme löst, lernt dabei viel, bekommt aber diese Lernerfahrungen nur in den seltensten Fällen angemessen bezahlt. Wer immer wieder die gleichen Probleme löst, gewinnt nicht nur traumhafte Sicherheit, sondern über die steigenden Produktivitäten sehr gute Renditen."[16]

Keine Angst vor Langeweile

Das soll kein Plädoyer für inhaltliche Eintönigkeit werden. Und glauben Sie mir: Egal, auf welches Fachgebiet Sie sich spezialisieren, es wird immer noch so vielfältig sein, dass Sie immer noch recherchieren müssen und sicher keine Langeweile aufkommt. Doch dazu später mehr.

Es gibt sicher Kollegen, denen gerade diese Vielfalt liegt, die sich ihnen bietet, wenn sie Projekte aus den verschiedensten Fachgebieten übernehmen. Sie müssten nur eigentlich den Mehraufwand mit einpreisen, der für die Einarbeitung in immer neue Bereiche anfällt; und das geschieht leider in den seltensten Fällen.

---

15 Dächte man diesen Ansatz konsequent weiter, müssten hochspezialisierte Übersetzungen anfangs während der Einarbeitung in ein Thema sehr teuer sein, weil der zeitliche Aufwand sehr hoch ist, und mit der Zeit billiger werden. Die Anfangsinvestition (der hohe Rechercheaufwand) rechnet sich, man braucht weniger Zeit für die gleiche Arbeit. Wer nach Wörtern oder Zeilen abrechnet, profitiert hier – es sei denn, er senkt mit der Zeit und mit zunehmender Einarbeitung seinen Wortpreis. Doch wer seine Leistungen nach Stunden vergütet bekommt, würde aufgrund der Vertiefung seiner Fachkenntnisse plötzlich weniger Geld bekommen, ganz einfach weil er schneller arbeitet.

16 Friedrich a.a.O, S. 182

3.1.1.2 Kundennutzen – Sachargumente vs. Emotionalität

Wenn ich als einziger Übersetzer für Englisch im Kopfstand arbeiten kann, ist das zwar ein Alleinstellungsmerkmal und bringt vielleicht auch viel Presse; den Kunden interessiert das im Zweifel herzlich wenig. Es gilt, sich an den Kundenwünschen zu orientieren.

„Sie müssen nicht der Beste, sondern derjenige mit dem besten Nutzen sein!"[17]

Denn es verkauft sich nur, was auch gebraucht wird. Doch weiß der Kunde wirklich, was er braucht? Ist dem Direktkunden aus dem Eingangsbeispiel bewusst, dass er für seine Broschüre einen Übersetzer benötigt, der sich im Marketing auskennt und weiß, dass es nicht darum geht, den Text 1:1 zu übertragen, sondern darum, eine zielgruppengerechte Ansprache zu finden? Hiervon müssen wir ihn vielleicht erst überzeugen. Wir müssen ihm sachlich auseinandersetzen, dass in diesem Fall eine wörtliche Übersetzung nicht sinnvoll ist und sein Text ganz spezielle Anforderungen an die Übersetzung stellt. Die Konkurrenz benutzt als Sachargument möglicherweise ausschließlich den Preis. Wir aber konzentrieren uns darauf, andere – sachliche – Argumente zu finden.

Dabei erreichen wir aber noch mehr: Idealerweise assoziiert der Kunde mit einem aufklärenden (Achtung: nicht belehrenden!) Text auf der Internetseite oder mit entsprechenden Nachfragen am Telefon Professionalität. Er fühlt sich bei uns gut aufgehoben, verbindet mit unserem Angebot also eine positive Emotion. Zusammen mit dem Sachargument, das er für sich (und häufig für die Person, vor der er die Entscheidung für einen bestimmten Dienstleister rechtfertigen muss) benötigt, kann diese Emotion den Ausschlag für die Kaufentscheidung geben.[18]

Um herauszufinden, was unsere Kunden brauchen, müssen wir uns jedoch zunächst darüber klar werden, welche Kunden wir überhaupt haben wollen.

---

17 Friedrich a.a.O, S. 240

18 Vergleichen Sie zum Thema Kundennutzen auch den Artikel von Liebmann, Heide: Verkaufsargument „Kundennutzen", veröffentlicht unter www.akademie.de/wissen/kundennutzen, Stand vom 20. August 2012

Dafür müssen wir unser Angebot analysieren und unsere Zielgruppe bestimmen.

Am Anfang einer freiberuflichen Übersetzertätigkeit ist die eigene Zielgruppe in der Regel sehr heterogen. Wer neu in dem Geschäft ist, neigt dazu, jeden Auftrag anzunehmen, ganz gleich, um welches Fachgebiet es sich handelt. Das ist eine verständliche Reaktion und manchmal schlicht notwendig, um finanziell über die Runden zu kommen. Aber wirtschaftlich ist das sicher nicht. Viel zu viel Zeit verbringt man mit der Einarbeitung in neue Texte, neue Themen, mit der Administration von Miniprojekten, bei denen das Rechnungschreiben mehr Zeit kostet als der Auftrag selbst.

3.2 Der Weg zur Zielgruppe

Sie können natürlich einfach losziehen, prüfen, welche Bedürfnisse eine bestimmte Zielgruppe hat, und Ihr Geschäft dann danach ausrichten. Das erscheint jedoch nicht als sinnvolle Strategie, denn unter Umständen müssten Sie sich ganz schön verbiegen, um dem Kundenwunsch gerecht zu werden. Und vielleicht auch zu viel investieren (an Arbeitszeit und Geld).

Zielführender ist es, wenn Sie zunächst herausfinden, wo Ihre Stärken und Fähigkeiten liegen, und dann prüfen, welche potenziellen Zielgruppen davon profitieren könnten.

Ich empfehle Ihnen daher, in drei Schritten vorzugehen:

1. Die eigene Arbeit und auch eigene Bedürfnisse analysieren.
2. Bedürfnisse des vorhandenen Kundenstamms analysieren und eine Zielgruppe definieren.
3. Wenn beides nicht zusammenpasst, entweder:
    a. Zielgruppen suchen, deren Bedürfnisse zu Ihrem Angebot und Ihren Fähigkeiten passen, oder
    b. das eigene Angebot an die Bedürfnisse möglicher Zielgruppen anpassen.

3.2.1 Analyse des Portfolios: Was biete ich an, und was kann ich?

Viele Autoren erfolgreicher Publikationen zum Thema Positionierung heben hervor, wie wichtig die Wünsche der Zielgruppe sind, um eine Spezialisierung zu definieren. Und natürlich stimmt das zum Teil, wie das Kopfstand-Beispiel oben zeigt. Doch ich möchte das einschränken.

Um bei der Analyse der Zielgruppe nicht völlig im Dunkeln zu tappen, sollten Sie zunächst Ihre Fähigkeiten und Stärken untersuchen. Und das betrifft sowohl Ihre fachspezifischen Kenntnisse als auch die sogenannten Soft Skills. Fragen Sie sich:

- Fachspezifische Kenntnisse
    - o Welche formale Qualifikation habe ich? (Bildungsabschlüsse)
    - o Welche Sprachen kann ich als Ausgangs- bzw. Zielsprache bedienen?
    - o Verfüge ich über Spezialwissen (durch Ausbildungen, besondere Interessen)?
    - o Verfüge ich über besondere Arbeitsweisen / technische Ausstattung / Softwarekenntnisse?
- Soft Skills
    - o Wie lernbereit bin ich? (Würde ich es schaffen, mich auch in eher fremde Fachgebiete einzuarbeiten? Habe ich den Ehrgeiz, eine bisher nicht als Arbeitssprache genutzte Sprache soweit auszubauen, dass sie sich geschäftlich einsetzen lässt?)
    - o Worin sehe ich meine Stärken? (z. B. Geduld und Ausdauer beim Feilen an Texten, Stressresistenz ...)
    - o Wo liegen meine Schwächen? (z. B. Ungeduld beim Feilen an Texten, Stressanfälligkeit ...)
    - o Würde ich mich eher als offen, aufgeschlossen und selbstsicher beschreiben oder bin ich eher introvertiert und gehe nicht gerne auf fremde Menschen zu?

Natürlich ließe sich dieser Fragenkatalog noch endlos fortsetzen.

Tipp
Kerstin Friedrich stellt in ihrem Buch einen umfangreichen Fragenkatalog[19] zur Verfügung, an dem Sie sich orientieren können, und gibt weitere Tipps zur Methodik.

Suchen Sie die Antworten auf diese Fragen nicht nur in Ihrer aktuellen Tätigkeit. Blicken Sie zurück auf frühere Anstellungen und Nebenjobs, auf Hobbys, Interessen. Überlegen Sie, worin Sie gut waren, was Ihnen daran gefallen hat. Nicht selten lassen sich derartige Vorlieben und Interessen zu einer Spezialisierung ausbauen.

Beispiel
Eine Kollegin war vor ihrer Tätigkeit als Übersetzerin Pferdewirtin. Heute arbeitet sie als Übersetzerin vorwiegend in diesem Bereich. „Als Quereinsteigerin mit Englisch als einziger Fremdsprache war mir klar, dass ich mich spezialisieren muss, um mich von der Masse an Übersetzern abzuheben. Meine früheren Ausbildungen zur Pferdewirtin und Diplom-Agraringenieurin haben mir die Spezialisierung quasi auf dem Silbertablett geliefert. Die Fachgebiete Landwirtschaft und Pferde zeichnen sich durch eine spezielle Fachsprache aus und erfordern sehr viel Hintergrundwissen. Das kann ich bieten, und so kann auch eine vergleichsweise kleine Nische zu einer guten Auslastung führen." (Jorinde Buck, Buck text+translation, www.jorinde-buck.de)

Noch ein Hinweis: Seien Sie ehrlich zu sich selbst. Es nützt Ihnen nichts, wenn Sie sich selbst belügen und Ihre Spezialisierung auf falschen Voraussetzungen aufbauen. Wenn Sie Übersetzungsprojekte lieber schnell abschließen, nicht so gerne stundenlang über ein und demselben Satz brüten, bis er rund ist, und es nicht schaffen, sich monatelang auf das gleiche Projekt zu konzentrieren, sind Literaturübersetzungen nichts für Sie. Und auch wenn die Übersetzung von Geschäftsberichten lukrativ erscheint, Ihnen Zahlen aber so gar nicht zusagen und Sie die Texte zwar sprachlich, aber nicht inhaltlich verstehen, eignen Sie sich dafür eher nicht. Und Sie tun sich keinen Gefallen damit, wenn Sie es trotzdem in diesem Bereich versuchen wollen.

Denken Sie auch an die Rahmenbedingungen. Welche Faktoren in Ihrer Umgebung haben Einfluss auf Ihr Leistungsvermögen oder schlicht Ihre verfügbare Arbeitszeit? Sind Sie in der Lage, z. B. innerhalb einer Stunde auf eine

19 Friedrich a.a.O., S. 143 ff

Kundenanfrage zu reagieren? Falls nicht, können Sie z. B. Agenturen, die häufig Eilaufträge vergeben, nicht adäquat bedienen.

Der Blick in die berufliche und private Vergangenheit ist aber nur ein Aspekt bei der selbstkritischen Analyse der eigenen Stärken und Fähigkeiten. Er sollte immer auch von einem Blick in die Zukunft begleitet werden. Fragen Sie sich ehrlich, was Sie erreichen möchten. Wo sehen Sie sich in einigen Jahren? Wie viel Zeit möchten Sie in Zukunft auf Ihre Tätigkeit verwenden? Haben Sie genug Energie, anspruchsvolle Direktkunden zu bedienen? Welche Fähigkeiten/Kenntnisse möchten Sie gerne einmal haben und einsetzen? Kurz: Was würden Sie am liebsten tun?

Diese Analyse kostet Zeit. Aber es ist Zeit, die Sie sich nehmen sollten, denn es ist eine Investition in Ihre Positionierung und damit in Ihr Geschäft. In aller Regel sollte es Ihnen so gelingen, einen Spezialisierungsansatz zu finden, auf dessen Grundlage Sie dann Ihre weitere Positionierung aufbauen können.

So gerüstet können Sie dann den zweiten Schritt angehen.

3.2.2 Was brauchen meine Kunden?

Auch bei der Analyse der Kundenbedürfnisse sollten Sie zunächst einen Blick in die Vergangenheit wagen. (Dieser Punkt betrifft natürlich in erster Linie Übersetzer oder Dolmetscher, die bereits Erfahrung gesammelt und mit verschiedenen Kunden zusammengearbeitet haben.)

Als Sprachmittler haben wir es im Laufe unserer Tätigkeit mit vielen verschiedenen Aufträgen zu tun. Gerade das zeichnet ja unseren Beruf aus: die Vielfalt an Texten und Themen. Und selbst wenn wir hochspezialisiert nur mit medizinischen Gutachten zu tun haben, so ist doch jeder Text, jeder Inhalt anders. In den allermeisten Fällen ist unsere Arbeit ziemlich bunt. Da erscheint es schwierig, im Nachhinein herauszufiltern, was die Kunden brauchen. Dennoch sollten Sie sich die Mühe machen. Sehen Sie sich mal die Aufträge an, die Sie in der Vergangenheit bearbeitet haben. Lässt sich da ein Muster, eine Gemeinsamkeit feststellen? Wurde ein Thema / eine Textsorte besonders häufig angefragt?

Dann gehen Sie noch einen Schritt weiter: Analysieren Sie die Anfragen, die Sie ablehnen mussten. Was waren die Gründe hierfür? Handelte es sich um Fachgebiete, die Sie nicht bedienen konnten? Oder eine Leistung, die Sie nicht anbieten (z. B. Einarbeitung der Übersetzung in InDesign). Waren es Absagen aufgrund von Kapazitätsengpässen? Auch hier sollten Sie wieder prüfen, ob sich herausfiltern lässt, dass sich ein Fachgebiet oder eine bestimmte Art von Aufträgen wiederholen.

In einem zusätzlichen Schritt könnten Sie auch Ihre Kunden befragen, wenn Sie eine gute und offene Kommunikation mit ihnen pflegen. Vielleicht nehmen diese sich die Zeit, um Ihnen zwei, drei Fragen zu den Übersetzungen zu beantworten. Bedenken Sie: Oft ist das, was Sie in Ihrem Bereich oder für Ihre Sprache auf den Tisch kriegen, nur ein kleiner Teil des tatsächlichen Übersetzungsaufwands. Vielleicht können Sie in Erfahrung bringen, wie viele Übersetzungen überhaupt vergeben werden, welche Sprachen normalerweise benötigt werden, ob der Kunde sonst eigentlich mit größeren Agenturen zusammenarbeitet und nur in Ausnahmefällen (z. B. bei einem bestimmten Fachgebiet) Freelancer beauftragt, ob der Kunde sich eigentlich eine Optimierung der Prozesse wünschen würde etc. Aber Vorsicht: Das funktioniert nur bei einem vertrauensvollen Verhältnis zum Kunden. Andernfalls kann man es sich durch solche „lästige" Fragen auch schnell mit ihm verscherzen.

Es ist also essenziell, dass Sie herauszufinden versuchen, wie Unternehmen oder Privatkunden im Bereich Übersetzungen agieren und welche Probleme diese zu bewältigen haben. Im nächsten Schritt müssen Sie dann prüfen, ob Sie den Kunden (bestehenden wie potenziellen) mit Ihrem Angebot helfen können.

"Here are four essential ingredients: Find a problem that enough people find frustrating, develop a solution to it, package it, and promote it, preferably with the help of industry friends and colleagues."[20]

3.2.3 Die Zielgruppe festlegen

Durch die oben beschriebenen Analysen wissen Sie jetzt also, was Sie können und was Sie erreichen wollen, und Sie kennen die Bedürfnisse Ihrer bisherigen Kunden. Wenn das schon gut zusammenpasst, Glückwunsch, dann sind

20 Hussain, Eva: An interpreter's story, in: Adams, Nicole Y.: Diversification in the language industry: Success beyond Translation. NYA Communications 2013, S. 159

Sie wohl schon gut positioniert. Sie sollten eigentlich ausgelastet sein; zumindest aber wissen Sie, in welcher Richtung Sie bei Ihren täglichen Marketing- und Akquisetätigkeiten weiterarbeiten müssen.

Bei einer guten Positionierung sollten das eigene Angebot und die Bedürfnisse der Zielgruppe ausgewogen sein. Sie können sich das Ganze wirklich wie eine Waage vorstellen:

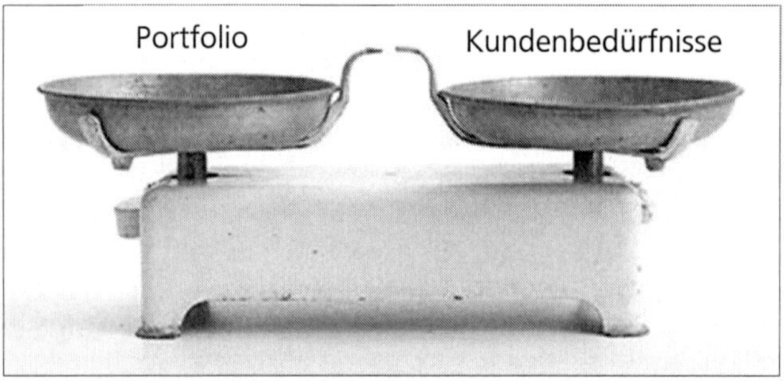

Abb. 7: Das Verhältnis zwischen dem eigenen Portfolio und den Kundenbedürfnissen sollte ausgewogen sein.

Befindet sich die Waage im Ungleichgewicht, schlägt sie also zur Angebots- oder zur Kundenseite aus, müssen Sie die Waagschalen anpassen. Hierbei sind zwei Strategien denkbar:

a) Die Zielgruppe anpassen bzw. die richtige Zielgruppe suchen, die auf Ihr Angebot passt.
b) Das Angebot an die Bedürfnisse der Zielgruppe anpassen.

Möglichkeit a)

Kommen Sie nach der Analyse Ihrer Fähigkeiten zu dem Schluss, dass Ihr Angebot gut ist und genau dem entspricht, was Sie können und was Sie erreichen wollen, Sie aber dennoch nicht in Aufträgen ertrinken, dann liegt das Problem vielleicht bei Ihrer Zielgruppe, d. h. Sie erreichen nicht die richtigen Kunden. Das kann zwei Ursachen haben:

1. Sie haben es bisher bei den falschen Kunden versucht.
2. Sie kommunizieren Ihr Angebot zu wenig (oder nicht richtig) nach außen.

Versuchen Sie, Ihre Zielgruppe so weit wie möglich einzugrenzen. Das kann ich an meiner eigenen Spezialisierung erläutern.

Beispiel

Als ich mich bewusst dafür entschieden habe, das Fachgebiet Bauwesen als Spezialisierung auszubauen, wusste ich zunächst nicht, wie ich die Zielgruppe definieren sollte. Baufirmen in Deutschland, so weit, so gut. Aber auch sehr unspezifisch, denn es gibt unendlich viele Unternehmen in diesem Bereich. Also Baufirmen, die in Skandinavien tätig sein wollen. Aber brauchen die nicht eher Übersetzungen in die skandinavischen Sprachen? Und woher weiß ich eigentlich, welche Unternehmen die Absicht haben, in Skandinavien Projekte abzuwickeln? Sollte ich mich eher an Baufirmen wenden, die in Skandinavien ansässig sind und sich nach Deutschland orientieren wollen? Aber gibt es die überhaupt? Geht der Trend in der Baubranche nicht eher in die umgekehrte Richtung? Und wie ist das mit Handwerksbetrieben? Da bieten sich in Schweden, Norwegen und Dänemark doch viele Möglichkeiten, als Subunternehmer an Projekten mitzuwirken. Aber Handwerksbetriebe haben oft nicht die finanziellen Mittel für Übersetzungen. Auf der Basis dieser Fragen und unzähliger Stunden von Internetrecherche habe ich mich schließlich dafür entschieden, mich zunächst an Unternehmen zu wenden, die nachgewiesenermaßen schon in Skandinavien tätig sind oder (durch Mitgliedschaften z. B. bei den Außenhandelskammern) mindestens Interesse an Dänemark, Schweden und Norwegen gezeigt haben.

Vielleicht ist Ihre Zielgruppe aber auch schon klar umrissen. Dann liegt es vielleicht an Ihrem Außenauftritt und an Ihrer Selbstdarstellung, dass Sie nicht voll ausgelastet sind. Sehen Sie sich Ihren Internetauftritt einmal genau an. Stellen Sie dort wirklich genau dar, was Sie anbieten und was Sie als Übersetzer auszeichnet (Stichwort Alleinstellungsmerkmal)? Oder sind da Anpassungen nötig? Betrachten Sie selbstkritisch Ihre Social-Media-Auftritte, so vorhanden. Versuchen Sie, sich in die Lage Ihres Gegenübers und potenziellen Kundens zu versetzen. Würde Sie das ansprechen und überzeugen? Führen Sie sich vor Augen: Nur, weil Sie selbst sich längst über Ihr Profil und Ihr Angebot im Klaren sind, heißt das nicht, dass die Außenwelt dies ebenfalls so wahrnimmt. „Spread the word" sollte die Devise sein.[21]

21 Kollegin Miriam Neidhardt gibt in ihrem Buch „Überleben als Übersetzer. Das Handbuch für freiberufliche Übersetzerinnen" (2016) zahlreiche hilfreiche Tipps, wie man sich als Übersetzer präsentiert und worauf man beim Außenauftritt achten sollte.

Möglichkeit b)

Sie kennen Ihre Zielgruppe und deren Bedürfnisse, müssen aber feststellen, dass Ihr Angebot eben nicht hundertprozentig dazu passt. Dann müssen Sie diese Seite der Waagschale modifizieren. Dies soll aber nicht als Aufruf verstanden werden, alles Bishergewesene über den Haufen zu werfen und sich in etwas völlig Neues zu stürzen. Wer sich nie für Jura interessiert hat, ist nicht gut beraten damit, sich auf Rechtstexte zu spezialisieren, nur weil in diesem Bereich gerade eine große Nachfrage besteht.

Aber ich bin sicher, wenn Sie Ihr Angebot kritisch hinterfragt und Ihre Fähigkeiten und Schwächen ehrlich analysiert haben, finden Sie schnell Möglichkeiten der Optimierung, die Sie einer besseren Positionierung näherbringen.

Beispiel

Ihre Kunden haben immer wieder nach Übersetzungen in Ihre Arbeitssprache gefragt, und Sie haben – da Sie sich streng an das Mutterssprachenprinzip halten – diese Aufträge immer abgelehnt. Hier wäre ein Ansatzpunkt zu überlegen, ob es in Ihrem Kollegenkreis nicht jemanden gibt, der in umgekehrter Sprachrichtung Muttersprachler ist und auf dessen Sach- und Fachverstand Sie vertrauen können. Vielleicht ist eine Kooperation oder Untervergabe denkbar? Auch Ihr Kollege würde davon sicher profitieren. Viele Kollegen haben sich so schon sehr erfolgreich zu Sprachteams zusammengetan.

Beispiel

Sie arbeiten viel mit Verlagen zusammen, übersetzen aufwendig gestaltete Sachbücher, doch in letzter Zeit bekommen Sie immer weniger Aufträge von Stammkunden. Auf Ihre Nachfrage erfahren Sie, dass die Übersetzungen jetzt häufiger an einen Kollegen vergeben werden, der die Übersetzung gleich in InDesign einarbeitet und die textliche Anpassung an die Längenvorgaben machen kann. In Ihrem Jahre zurückliegenden Verlagsvolontariat haben Sie einmal InDesign gelernt. Vielleicht lohnt es sich, die vergrabenen Kenntnisse aufzufrischen und in Zukunft eine kombinierte Dienstleistung anzubieten.

3.2.4 Bevor es losgeht: Vier Tipps, die Sie beherzigen sollten

3.2.4.1 1. Ihre Kalkulation

Bevor Sie nun auf Ihre Wunsch-Zielgruppe losstürzen, sollten Sie noch einen Faktor berücksichtigen: das liebe Geld.

Wer einen hohen Lebensstandard pflegt, vielleicht eine Familie ernähren muss etc., muss dies bei der Wahl der Zielgruppe berücksichtigen.

Es ist ein unbequemes Thema, und viele werden empört aufschreien, wenn ich es wage, den Umsatz in den Mittelpunkt Ihrer Spezialisierungsbemühungen zu stellen. „Aber ich soll doch machen, was ich gerne tue!" und „Mit diesen Kunden arbeite ich aber seit Jahren so nett zusammen, den kann ich doch nicht einfach aufgeben!". Und das ist auch alles richtig. Doch es bringt Ihnen nichts, wenn Sie sich in einem Bereich spezialisieren, mit dem Sie sich und ggf. Ihre Familie nicht ernähren können.

Wenn Sie also an dem Punkt angekommen sind, an dem Sie Ihr Angebot mit den Bedürfnissen Ihrer Kunden vergleichen und daraus eine Zielgruppe entwickeln, sollten Sie sich auch einmal intensiv mit dem Thema Kalkulation auseinandersetzen. Es würde an dieser Stelle zu weit führen, die Grundlagen der Honorarkalkulation ausführlich zu besprechen. Im Internet finden Sie zahlreiche Tipps, was es dabei zu berücksichtigen gilt, einige Links dazu sind unten angegeben.[22]

An dieser Stelle sei nur Folgendes betont: Egal, ob Sie nach Wörtern im Ausgangstext, Zeilen im Zieltext, Normseiten oder Stunden abrechnen, Ihren Preisen sollte ein Stundensatz zugrunde liegen, mit dem Sie Ihren gewünschten Jahresumsatz erzielen können. Basierend auf diesem Umsatz und der

22 https://lambertschuster.de/existenzgruender/stundensatz-kalkulation-fuer-freiberufler-und-selbstaendige/
www.erfolg-als-freiberufler.de/Honorar-Rechner.php
www.akademie.de/wissen/stundensatz-kalkulation

Ihnen zur Verfügung stehenden Zeit (Arbeitstage nach Abzug von Wochenenden, Feiertagen, Urlaub und Krankheit, zur Verfügung stehende Arbeitsstunden pro Arbeitstag) ergibt sich ein Stundensatz, den Sie in jeder abrechenbaren Stunde (also jeder Stunde, in der Sie Leistungen erbringen, die Sie in Rechnung stellen können) erwirtschaften müssen.

Beispiel

Ein Übersetzer möchte einen Umsatz von 50.000 Euro erzielen. Nach Abzug von Wochenenden und Feiertagen bleiben 252 Arbeitstage. Der Kollege möchte 28 Tage Urlaub machen und kalkuliert mit 4 Tagen Krankheit. So bleiben ihm 220 Tage, um seinen geplanten Umsatz zu erwirtschaften, das macht 227 Euro pro Tag. Jetzt kommt es darauf an, wie viele Stunden am Tag er übersetzen kann und wie viel Zeit für andere Tätigkeiten wie Administration, Buchhaltung, Marketing, Weiterbildung anfällt. Bei einem 8-Stunden-Tag gehen wir hier von 5 produktiven Arbeitsstunden aus. Der Übersetzer muss die 227 Euro also in 5 Stunden erzielen, dafür muss er einen Stundensatz von mind. 45,40 Euro ansetzen.

Wenn Sie Ihren Mindeststundensatz kennen, tun Sie sich zum einen leichter beim Verhandeln, zum anderen ist die Kalkulation Ihrer Preise nun ganz leicht: Sie müssen diesen Wert nur noch durch die Anzahl an Wörtern, Zeilen oder Seiten teilen, die Sie in einer Stunde übersetzen können.

Doch zurück zur Zielgruppenanalyse: Haben Sie Ihren Mindeststundensatz und die sich daraus ergebenden Wort-, Zeilen- oder Seitenpreise ermittelt, sollten Sie ehrlich hinterfragen: Sind mit der gewünschten Zielgruppe überhaupt die angestrebten und notwendigen Umsätze möglich? Falls nicht, sollten Sie nochmal eine Anpassung der Zielgruppenanalyse überdenken. Sie müssen sicher nicht von vorne anfangen. Aber überlegen Sie, wer an Ihrem „Produkt" Übersetzung noch Interesse haben könnte. Oder ob sich das „Produkt" nicht doch durch wenig Modifikation für eine ganz andere, zahlungskräftigere Zielgruppe eignet.

3.2.4.2 2. Spezialisierung als roter Faden im Marketing

Eine Spezialisierung ist ein wichtiges Alleinstellungsmerkmal Ihrer Dienstleistung. Doch Sie profitieren davon nur, wenn Sie sie auch bekannt machen. Es gilt, Präsenz zu zeigen und sich einen Namen als spezialisierter Fachübersetzer zu machen.

Eine Spezialisierung lässt sich aber nicht nur verkaufen, sie dient auch dazu, sich selbst zu verkaufen. Sie sollten sie nutzen, um damit Kunden zu gewinnen und mehr Umsatz zu generieren. Bei allen Marketing- und Profilbildungsmaßnahmen lässt sich eine Spezialisierung nutzen, um ein bestimmtes Bild von sich zu kreieren. Bei den meisten Kollegen werde ich entweder als Übersetzerin für das Bauwesen oder als Kochbuchübersetzerin wahrgenommen. Kaum jemand weiß, dass ich auch Medizin übersetze, doch das liegt daran, dass dies noch ein recht neues Fachgebiet für mich ist, in das ich mich erst noch einarbeite.

„Marketing zu betreiben, heißt insofern auch, sich und anderen Grenzen zu setzen. Das schränkt die Freiheit ein, erleichtert aber die Orientierung."[23]

Die Spezialisierung, dieser rote Faden, sollte sich durch all Ihre Marketingmaßnahmen ziehen. Das beginnt schon bei Ihrer E-Mail-Signatur: Statt „Übersetzungen Englisch–Deutsch" könnte sie lauten: „Fachübersetzungen für Medizintechnik Englisch–Deutsch". Vergleichbares könnte auf Printmaterialien wie Visitenkarten und Briefpapier stehen. Prüfen Sie also Ihren gesamten Auftritt:

- Internetseite, Blogs
- Visitenkarten, Briefpapier/-kopf
- Einträge in Übersetzer-/Branchenverzeichnissen, bei Verbänden etc.
- Broschüren
- E-Mail-Signatur
- Facebook-Seite, -Profil
- Xing-/Linkedin-Profil
- Twitter, Instagram etc.

23 Weyers, Dorle: Kopfarbeit kalkulieren & verkaufen. Von Honorarjobs zu professioneller Selbstständigkeit. ImPrint Verlag, Münster, 2., aktualisierte und erweiterte Auflage 2004, S. 43

Überlegen Sie für jede Präsenz neu: Wie wirkt dieser Auftritt auf mein Umfeld? Was stelle ich dar? Wie kann ich meine Spezialisierung darin unterbringen?

Haben Sie keine Scheu davor, auf Ihrer Internetseite explizit Ihre Spezialisierung zu nennen und andere Bereiche, die nicht in dieses Feld passen, zu entfernen. Der Zweck dieser Maßnahme ist nicht unbedingt, Kunden von Ihrer Internetseite fernzuhalten – selbst wenn Sie es wollten, würde das nicht gut funktionieren. (Seien Sie sicher: Die falschen Kunden finden Sie so oder so, wichtig ist, dass die richtigen Kunden Sie auch finden.)

Vielmehr geht es darum, eindeutig zu kommunizieren, was Sie anbieten. Denken Sie nochmals an den Direktkunden vom Anfang dieses Kapitels, der die Übersetzung einer Broschüre benötigt. Er klickt zwei Internetseiten an: die eines Kollegen, der „Übersetzungen Deutsch-Englisch" anbietet und darunter 20 Fachgebiete und 20 Textformen auflistet (weil er meint, dass es suchmaschinentechnisch clever wäre). Und dann Ihre, auf der Sie „Übersetzungen von Marketingmaterial und Unternehmenskommunikation" anbieten und darunter im Fließtext das Wort Broschüre fett hervorgehoben haben. An wen wird der Kunde sich wohl wenden?

Ein Wort zum Thema Selbstbewusstsein: Sie dürfen ruhig öffentlich machen, dass Sie sich in einem Bereich gut auskennen. Vor allem Frauen scheinen immer wieder Hemmungen zu haben, klar ihre Spezialisierung zu kommunizieren. „Ich bin doch gar keine richtige Expertin, ich habe doch kein Medizinstudium", höre ich da. Wie ich später noch erläutern werde, kommt es darauf nicht in erster Linie an. Stellen Sie Ihr Licht nicht unter den Scheffel, stehen Sie zu dem, was Sie können. Sollte Sie wirklich einmal eine Anfrage erreichen zu einem Gebiet, in dem Sie sich nicht auskennen, können Sie immer noch ablehnen – entweder mit dem ehrlichen Hinweis auf das falsche Fachgebiet, oder auch einfach mangels Kapazitäten.

Eine neue Ausrichtung des eigenen Geschäfts bietet auch einen hervorragenden Anlass für Öffentlichkeitsarbeit. Ein Beitrag in Ihrem Blog dazu, in jedem Fall aber eine E-Mail an Ihre Kunden wäre sinnvoll. Haben Sie Kunden, die Sie in Zukunft nicht mehr weiter bedienen möchten, können Sie natürlich einfach abwarten, bis diese ein Projekt anfragen, und dieses dann einfach (unter einer Ausrede) absagen. Professioneller wäre es, wenn Sie diesen Kunden die Veränderung mitteilen und gleich einen kompetenten Kollegen (nach Absprache) empfehlen würden, der in dem Bereich des Kunden zu Hause ist.

Das bleibt positiv im Gedächtnis – und wer weiß, ob der Kunde sich nicht auch einmal verändert und dann wieder zu Ihnen passt?

Social-Media-Marketing

Denken Sie einmal an Ihre *Freunde* bei Facebook oder an Ihre Kontakte bei Xing. Denken Sie an die Personen, denen Sie auf Twitter folgen. Sie haben sicher ein bestimmtes Bild von ihnen im Kopf. Da ist die Spanisch-Übersetzerin, die regelmäßig sehr nützliche Links postet. Der Schulfreund vom Gymnasium veröffentlicht täglich lustige Bilder von seiner Katze. Und dann gibt es noch die Reisebloggerin, die Sie täglich an sonnige, palmenbewachsene Strände entführt. Egal wo wir uns im Internet bewegen und zeigen, in welchen Medien auch immer, wir erzeugen durch das, was wir dort tun, sagen und zeigen, ein bestimmtes Image. Die User auf der anderen Seite bekommen einen Eindruck von uns, sehen ein Bild vor sich, auch wenn sie uns (in den meisten Fällen) noch nie im realen Leben gesehen haben. Um diese Kanäle zur Profilbildung und damit zum indirekten Marketing zu nutzen, sollten Sie sich genau überlegen, wie Sie sich dort darstellen möchten und welchen Nutzen Sie sich davon versprechen. Ihnen selbst wird vielleicht, wenn ein Kunde Sie nach einer spanischen Übersetzung fragt, die Kollegin mit den nützlichen Links einfallen. Und weil Sie ihre Links als nützlich empfinden, macht sie einen professionellen Eindruck auf Sie (hier spielt wieder der Faktor Emotion eine Rolle). Sie würden sie wahrscheinlich eher weiterempfehlen als eine völlig fremde Spanisch-Übersetzerin, die Sie bei Google gefunden haben.

Sie können diese Medien nutzen, um auf sich als professionellen Sprachmittler aufmerksam zu machen. Das kann in Form eines Facebook-Profils oder einer Facebook-Seite sein, das könnte ein Twitteraccount oder ein Blog sein, oder das sind Profile in Berufsnetzwerken wie Xing oder Linkedin. Ihre Spezialisierung hilft Ihnen dabei, denn Sie bleiben besser im Gedächtnis, wenn Ihr Gegenüber Sie mit einem bestimmten Fachgebiet oder einer bestimmten Leistung in Verbindung bringt. Ich habe unzählige Englisch-Übersetzer unter meinen Facebook-Freunden, aber nur wenige würde ich weiterempfehlen, weil sie mich durch das, was sie dort posten, von ihrer Professionalität überzeugt haben. (Natürlich ist das noch kein Garant dafür, dass diese Kollegen tatsächlich professionell sind. Aber es ist ein Anhaltspunkt.)

Behalten Sie bei dem, was Sie im Internet veröffentlichen, also stets im Hinterkopf, wie es sich auf Ihr Gegenüber, also potenzielle Kunden oder weiterempfehlende Kollegen auswirkt. Lässt sich Ihre Spezialisierung sinnvoll in diesem Post oder Tweet unterbringen? Aber Vorsicht: Vermeiden Sie die Holzhammermethode. Wer überall und immer, auch in unpassenden Situationen, versucht, in Posts und Kommentaren die Aufmerksamkeit auf sich und seine Leistungen/Spezialisierung zu ziehen, wirkt irgendwann aufdringlich, und die Bemühungen können ins Gegenteil umschlagen.

Versuchen Sie außerdem nicht, etwas darzustellen, das Sie nicht sind oder vertreten können. Sollte es mal zu einer Begegnung im realen Leben kommen, gibt es sonst ein böses Erwachen.

Hinter Ihren Bemühungen im Social-Media-Marketing sollten nie tatsächliche Verkaufsabsichten stecken. Es geht ausschließlich darum, sich und sein Portfolio bekannt zu machen, präsent zu sein, um im richtigen Moment zur Stelle zu sein, wenn jemand Bedarf hat.

"Social media marketing is not about being 'salesy'. On the contrary, it's bout building relationships and nurturing them."[24]

"By boosting your reputation and online presence, more people get to know you. That can lead to exciting opportunities."[25]

Machen Sie sich bekannt. Bauen Sie sich einen Ruf als professioneller Übersetzer auf, der sich in seinem Fachgebiet auskennt. Helfen Sie Kollegen auch mal, ohne eine Gegenleistung zu erwarten. Sie werden sehen, dass es sich früher oder später auszahlt.

Der Elevator Pitch

Stammtische, Konferenzen oder Weiterbildungsmaßnahmen sind wichtige Gelegenheiten, um Kollegen kennenzulernen und sich über die Branche auszutauschen. Sie sind aber auch eine gute Gelegenheit, diese Kollegen – die entweder potenzielle Kunden sein oder Sie ggf. weiterempfehlen könnten – auf Ihre Spezialisierung aufmerksam zu machen. Auf die Frage, was Sie denn anbieten, sollten Sie eine kurze aussagekräftige Formulierung parat haben: einen sogenannten Elevator Pitch. Das Konzept dahinter ist Folgendes: Wenn Sie im Fahrstuhl einem Fremden erklären müssten, was Sie beruflich machen,

---

24 Arakelyan, Olga: Social Media and Online Marketing, in: Adams, Nicole Y.: Diversification in the language industry: Success beyond Translation. NYA Communications 2013, S. 200

25 Christaki, Catherine: Blogging and Social Media, in: Adams, Nicole Y.: Diversification in the language industry: Success beyond Translation. NYA Communications 2013, S. 194

hätten Sie dafür nur wenige Sekunden Zeit, eben so lang, wie die Fahrstuhlfahrt dauert.[26]

Viele geraten in so einer Situation in Erklärungsnöte, weil sie nicht wissen, wie sie ihre Arbeit kurz, aber verständlich und dabei möglichst umfassend beschreiben. Auch hier hilft Ihnen Ihre Spezialisierung: „Ich bin Fachübersetzerin für Medizintechnik" funktioniert als Vorstellung sicher besser als „Ich übersetze aus dem Englischen ins Deutsche und mache eigentlich alles, was auf meinem Tisch landet".

Sehen Sie sich die folgenden drei Varianten eines Elevator Pitches an:

Beispiel

1. Ich bin Übersetzerin für die skandinavischen Sprachen.
2. Ich bin Fachübersetzerin für Schwedisch, Norwegisch und Dänisch.
3. Ich bin Fachübersetzerin für Schwedisch, Norwegisch und Dänisch. Als Expertin für Übersetzungen für die Baubranche bin ich die richtige Ansprechpartnerin für Ausschreibungen, Angebote, Bauverträge und Dokumentationen.

Alle drei Sätze beschreiben, was ich mache. Doch nur der dritte gibt umfassend wieder, worin meine Dienstleistung besteht und für welche Zielgruppe sie interessant ist.

Sich einen solchen Satz zu überlegen, ist nicht ganz einfach. Doch mit der Analyse des eigenen Portfolios und der Wunschzielgruppe in diesem Kapitel haben Sie alle Informationen beisammen. Sie müssen sie nur noch in eine einprägsame Formulierung umwandeln.

Tipp

Lesen Sie verschiedene Varianten Ihres Pitches Freunden und Kollegen vor. Vor allem bei Branchenfremden werden Sie schnell feststellen, ob Ihre Erklärung ausreichend war oder ob immer noch Unverständnis herrscht.

---

26 Hauptsächlich wird der Begriff Elevator Pitch in der Kreativbranche verwendet, wenn mehrere Werbeagenturen um einen Werbeetat kämpfen und ihre Idee in einer Kurzpräsentation vorstellen, also „pitchen". Schon Anfang des 20. Jahrhunderts nutzten junge Unternehmer meist sehr kurze Aufzugsfahrten, um potenziellen Investoren ihre Geschäftsidee vorzustellen.

Sinnvoll ist es außerdem, mehrere Pitches zu entwickeln, je nach Fachgebiet und/oder Kundengruppe. Mein oben zitierter Pitch würde mir als Literaturübersetzerin auf der Frankfurter Buchmesse wenig helfen. Hierfür habe ich also einen weiteren Pitch entwickelt, der meine Arbeit als auf Kochbücher spezialisierte Literaturübersetzerin beschreibt. Und auf einer Übersetzerkonferenz, wo alle in der gleichen Branche tätig sind, muss ein Pitch vielleicht weniger erklärend sein als auf einer Fachmesse, auf der Sie auf Direktkunden treffen.

Tipp
Ein Elevator Pitch darf ruhig auch Fragen offenlassen, denn so kommt im Anschluss leichter ein Gespräch in Gang, wenn Ihr Gegenüber nachfragt.

Beispiel
Ich übersetze aus dem Schwedischen, Norwegischen und Dänischen und bin auf die Baubranche spezialisiert. Als Literaturübersetzerin übersetze ich vorwiegend Kochbücher und Unterhaltungsliteratur. Und manchmal gelingt es mir, beides in einem Text zu vereinen.

Hier noch zwei Beispiele für besonders schöne, aussagekräftige Elevator Pitches:

Beispiel
„Mit meiner Agentur Foodkomm biete ich PR zu Anbeißen und schreibe Texte, die schmecken." Corinna Dürr ist Texterin und PR-Expertin und hat sich auf die Bereiche Genuss, Ernährung, Wellness und Gesundheit spezialisiert. (www.foodkomm.de)

Beispiel
„Ich bin Potenzialdetektivin und unterstütze Solo-Selbstständige und kreative Freiberufler, sich persönlich UND unternehmerisch weiterzuentwickeln. Ich begleite sie dabei, größer zu denken, falsche Bescheidenheit über Bord zu werfen und in ihre wahre Größe zu gehen. Das ist nämlich die wahre Magie der unternehmerischen Persönlichkeit." Heide Liebmann arbeitet als Positionierungscoach für Trainer, Berater und Einzelunternehmer. 2015 ist ihr Buch „Die Magie der Unternehmerischen Persönlichkeit" (Verlag: managerSeminare) erschienen (www.heide-liebmann.de).

3.2.4.3 3. Stichwort Authentizität

Sie müssen sich und vor allem Ihr Angebot verkaufen, und zwar an den richtigen Kunden. Wichtig ist hierbei aber, dass Sie dies authentisch tun. Sie wollen ernst genommen werden, aber dafür müssen Sie nichts darstellen, was Sie nicht sind und nicht sein wollen.

Für die Auseinandersetzung mit dem eigenen Profil ist es daher auch essenziell, dass Sie sich einmal mit Fragestellungen auseinandersetzen wie „Welche Werte sind mir wichtig, was kann ich vertreten, wofür stehe ich? Auf welche Werte bin ich bereit zu verzichten, wenn mir das Kunden bringt? Was treibt mich an, was bremst mich aus?". Wenn Sie sich darüber im Klaren sind – vielleicht haben Sie Ihre Werte sogar schriftlich festgehalten –, fällt es Ihnen leichter, dies bei Anfragen auch durchzusetzen, und wenn Sie Aufträge ablehnen, tun Sie es mit einem besseren Gefühl.

Authentizität ist aber nicht nur für Ihre Entwicklung wichtig. Sie hilft auch bei der Positionierung. Denn Positionierung hat mit Vertrauen und Glaubwürdigkeit zu tun. Die Kunden müssen darauf vertrauen, dass sie bei Ihnen bekommen, was sie brauchen. Und wenn sie ein gutes Gefühl haben, weil Sie ihnen authentisch vermitteln, dass Sie die richtige Lösung für ihr Problem haben, werden sie Ihnen lange erhalten bleiben.

Wenn Sie also nicht authentisch vermitteln können, dass Sie im Bereich Medizin der kompetenteste Ansprechpartner für die Übersetzungen sind, wird Ihnen eine Spezialisierung in dieser Richtung nicht viel nutzen.

Versuchen Sie auch immer zu reflektieren: Würde ich mir das abkaufen? Worauf achte ich, wenn ich jemandem vertraue, der mir etwas verkaufen will? Was lehne ich ab? Denken Sie beispielsweise an einen Versicherungsvertreter, der ähnlich wie Sie abstrakte Produkte verkauft. Wann ist er vertrauenswürdig?

„Wer etwas verkaufen muss, von dessen Wert er nicht selbst überzeugt ist, kann nicht glaubwürdig dafür werben."[27]

Zu Authentizität gehört ein ehrlicher, professioneller Umgang mit sich selbst, aber auch mit den eigenen Ressourcen und vor allem mit dem Kunden.

---

27 Liebmann, Heide: Authentisches Marketing für Selbstständige und Einzelkämpfer. Veröffentlicht unter www.akademie.de/wissen/authentisches-marketing, Stand 17. September 2012

3.2.4.4 4. Vorsicht vor blindem Aktionismus

Nachdem wir so lange unsere Stärken und Schwächen analysiert und uns eine Wunschkundengruppe gesucht haben, möchten wir am liebsten sofort loslegen. Website umstellen, neues Briefpapier bestellen, Neukunden anrufen und die alten Kunden aus der Kartei schubsen. Wir haben neuen Antrieb, stecken voller Energie. Doch zu viel Eifer ist auch hier fehl am Platze. Und dabei spielt eine entscheidende Rolle, welche Motivation hinter Ihrer Umorientierung steckt.

Hinterfragen Sie einmal, aus welchen Gründen Sie eine Neupositionierung anstreben. Brennt es gerade finanziell? Dann sollten Sie die Sache eher langsamer und Schritt für Schritt angehen. Denn eine neue Positionierung kann den finanziellen Engpass eher noch verstärken: Neues Geschäftsmaterial wird benötigt, wir verbringen viel unbezahlte Arbeitszeit damit, unseren Auftritt anzupassen, vor allem aber werden wir den einen oder anderen Kunden (gewollt oder ungewollt) dabei verlieren.

Überlegen Sie auch: Möchte ich dies Umorientierung selbst, oder werde ich vielleicht von anderen dazu gedrängt? Eine Positionierung ist zeit- und geldaufwendig und wird Sie einige Ressourcen kosten. Diesen Aufwand sollten Sie nur betreiben, wenn Sie wirklich dahinterstehen. Denn auf halbem Weg umzukehren, weil Sie feststellen, dass sich das Ganze in die falsche Richtung bewegt, ist eigentlich keine Option.

3.3 Ganz konkret – Zielgruppen für Übersetzer

Grob könnte man mögliche Zielgruppen in fünf Kategorien einteilen (wohl wissend, dass die Übergänge zwischen den Kategorien fließend sein können):

1. Verlage
2. Agenturen
3. Direktkunden
4. Organisationen und Institutionen
5. Privatkunden

Und um es gleich vorweg zu nehmen: Jede dieser Kundengruppen hat ihre Vor- und Nachteile. Manche Übersetzer verteufeln Agenturen, und Verlagshonorare sind für viele indiskutabel. Wenn jedoch das grundsätzliche Geschäftsgebaren stimmt, kann man meiner Ansicht nach mit allen Arten von Kunden gut zusammenarbeiten. Sind die Honorare vielleicht niedrig, stimmen dafür andere Faktoren wie Spaß am Projekt oder das Renommee, das man damit bekommen kann. (Wenn nichts davon gegeben ist, sollte man ohnehin die Finger von dem Projekt lassen.)

3.3.1 Arbeiten für Verlage

Verlage zahlen schlecht. Das ist so. Eine Buchübersetzung bringt mir maximal die Hälfte von dem, was ich für eine Übersetzung für die Bauindustrie bekommen würde. Wenn es gut läuft. Wenn es schlecht läuft und ich stundenlang an einer Textstelle feile oder im Internet nach einer bestimmten Rezeptzutat recherchiere, auch gerne mal weniger. Und zwischen Literaturübersetzern und Verlagen läuft seit Jahren eine hitzige Diskussion zu der Frage, was ein angemessenes Honorar für eine Übersetzung ist. Dies zu kommentieren, dafür ist an dieser Stelle kein Platz (Nähere Informationen hierzu finden Sie auf der Homepage des Verbands deutschsprachiger Übersetzer literarischer und wissenschaftlicher Werke e.V. – www.literaturuebersetzer.de). Doch es wäre zu pauschal, alle Verlage in einen Topf zu werfen. Dass überhaupt über niedrige Honorare diskutiert werden muss, liegt vor allem am Buchmarkt. Bücher sind im Vergleich zu dem, was sie in der Produktion kosten, zu billig. Verlage müssen knapp kalkulieren, und nicht selten rechnet sich ein Buchprojekt nur in einer Mischkalkulation. Ich selbst habe schon auf der anderen Seite gearbeitet und weiß, wie wenig Spielraum da unter Umständen ist.

Das soll natürlich keine Rechtfertigung sein, es gibt immer noch viele Verlage, bei denen die niedrigen Seitenpreise Masche sind und nicht Konsequenz einer engen Kalkulation. Aber man muss auch ehrlich sagen: Auch diese Verlage finden immer wieder Übersetzer, die bereit sind, für solch niedrige Preise zu arbeiten.

Nun gibt es trotz der leidigen Honorarfrage Gründe, für Verlage zu arbeiten. Aus Liebe zu Büchern, aus Liebe zur Sprache, aus Spaß am Textschliff. Sie muss einem liegen, die Arbeit, bei der man immer und immer wieder denselben Satz herumschiebt und umbaut, bis er schließlich passt. Und der Lohn der Mühen ist in diesem Fall eben eher nicht monetär. Aber das schöne Gefühl, das mich ergreift, wenn ich ein Belegexemplar des von mir übersetzten Buchs in den Händen halte, ist mir auch viel wert.

Sich auf Verlage zu konzentrieren, reicht aber noch nicht als Spezialisierung aus. Denn auch hier ist der Konkurrenzdruck groß. Es ist sinnvoll, sich die Programme der Verlage genau anzusehen. Bei der Eingrenzung helfen Fragen wie „Welche Genres lese ich gern" (Bitte übersetzen Sie keinen Science-Fiction-Roman, wenn Sie sich bei jeder Zeile kopfschüttelnd wundern, wie jemand so etwas Unrealistisches lesen kann!), „Welche Genres sind gerade gefragt?", „Liegt mir das Fiktionale, oder orientiere ich mich lieber im Bereich Sachbuch?" Und auch hier lohnt wieder der Blick in Ihre Vergangenheit / auf Ihre Ausbildung. Gerade im Sach-/Fachbuchbereich ist es für die Positionierung äußerst hilfreich, wenn Sie Kenntnisse und Erfahrungen in einem Fachgebiet vorweisen können.

3.3.2 Agenturen – Umtüter oder Geschäftspartner auf Augenhöhe?

Kaum ein Thema polarisiert in unserer Branche so sehr wie die Arbeit für Agenturen. Nicht umsonst behandelt wahrscheinlich jeder dritte Post in der Facebook-Gruppe „Things translators never say" absurde Angebote und Preisvorstellungen von Agenturen. Ich kenne Kollegen, die niemals auch nur eine Zeile für Agenturen übersetzen würden.

Meiner Ansicht nach haben Agenturen durchaus ihre Berechtigung. Und wir Übersetzer können in Agenturen angenehme Geschäftspartner auf Augenhöhe finden. Wenn wir uns die richtigen aussuchen.

Agenturen ersparen uns Kundenakquise und viel administrativen Aufwand. Und wenn wir mit einem CAT-Tool arbeiten und Pakete oder TMs verschicken, entfällt sogar die lästige Umwandlung von PDF-Dateien und die spätere Formatierung des Zieldokuments. Klar, dass wir dafür von den Agenturen nicht den gleichen Preis bekommen wie von Endkunden; wir haben ja auch weniger Arbeit, und die Agentur muss ihren Aufwand zusätzlich in Rechnung stellen. Solange wir aber nicht unwirtschaftlich kalkulieren, sehe ich darin kein Problem.

Und auch die Arbeit für Agenturen bietet durchaus Spezialisierungspotenzial. Wer sich bei Agenturen mit Fachgebieten registrieren lässt, bekommt in der

Regel auch nur Anfragen in diesem Bereich. Und wer länger für Agenturen gearbeitet hat, bekommt mit der Zeit auch ein Gespür dafür, welche Fachgebiete besonders gefragt sind.

Auch im Hinblick auf die eigenen Soft Skills kann die Akquisition von Agenturen für einige Übersetzer der richtige Weg sein. Hier ist ein ganzes Stück weniger Selbstsicherheit gefordert; diese Zielgruppe eignet sich daher auch für stillere, introvertiertere Übersetzer, die das Herantreten an Direktkunden (per Telefonat, auf Messen etc.) scheuen. Viele Agenturen bieten inzwischen einfache Bewerbungsmöglichkeiten per Internetformular an; die Auftragsabwicklung läuft häufig ausschließlich per E-Mail oder über das agentureigene Websystem ab.

Diese Anonymität ist eine Chance für Schüchterne, birgt aber auch Gefahren. Es gibt viele schwarze Schafe unter den Agenturen, die Freelancer zu Preisdumping zwingen, absurde Zahlungsziele vereinbaren und mehr Wert auf Liefertermine als auf qualitativ hochwertige Übersetzungen legen. Es gilt, diese von den guten Übersetzungsunternehmen zu unterscheiden. Erste Anzeichen für eine „Umtüter"[28]-Mentalität sind Anfragen, in denen Sie sofort nach Ihrem *besten* Wortpreis gefragt werden, der Ausgangstext nicht mitgeschickt und nur auf Nachfrage zur Verfügung gestellt wird und das Verhandeln der Konditionen nicht auf Augenhöhe geschieht, sondern nach dem Motto: „Friss oder stirb, es gibt noch genug andere Kollegen, die sich um den Job reißen würden."

Tipp

Machen Sie sich die Mühe einer Internetrecherche. Einschlägig bekannte Agenturen sind häufig das Thema hitziger Diskussionen in Foren, den Sozialen Medien und auf E-Mail-Listen. Hilfreich sind auch das Blue Board auf Proz.com[29] und die Yahoo-Group Zahlungspraxis[30].

---

28 Als Umtüter werden häufig Agenturen bezeichnet, die Übersetzungen bei Freelancern möglichst billig einkaufen und an den Endkunden ohne jede Qualitätskontrolle weiterreichen. In der Regel werden in solchen Agenturen große Volumina zu sehr geringen Preisen abgewickelt; für aufwendiges Projekt- und Qualitätsmanagement bleibt weder Zeit noch Geld – was häufig zulasten der Freelancer geht.

29 www.proz.com/blueboard

30 www.zahlungspraxis.info

Wenn Sie sich vorher informieren, bei einem unguten Gefühl lieber nicht für die Agentur arbeiten und bei schlechten Erfahrungen die Zusammenarbeit konsequent beenden, auch wenn das zunächst einen Auftragseinbruch bedeutet, steht einer Zusammenarbeit mit Agenturen nichts im Weg.

3.3.3 Direktkunden

Two sides to every story. Keine Frage, Direktkunden stellen bei vielen Übersetzern die Wunschzielgruppe dar. Und das hat einen einfachen Grund: Sie zahlen (meist) gut. Das liegt häufig daran, dass die Übersetzungskosten nur einen sehr kleinen Teil im gesamten Projektprozess darstellen. Wer auf eine Straßenbauausschreibung im Wert von mehreren Millionen Euro bietet, den kümmern 10.000 Euro Übersetzungskosten nur am Rande (und überhaupt nur dann, wenn die Ausschreibung nicht gewonnen wird). Das gilt natürlich nicht für jeden Kunden und für jede Branche.

Aber die Arbeit für Direktkunden ist häufig auch sehr anstrengend, kräftezehrend und nervenaufreibend. Direktkunden verlangen viel. In der Industrie z. B. sehr kurze, manchmal unmögliche Lieferfristen, Flexibilität und sehr gute Erreichbarkeit. Wenn Sie drei Wochen am Stück in Urlaub gehen möchten, müssen Sie Ihrem Direktkunden einen guten Kollegen als Vertretung nennen können.

Die kurzfristigen Liefertermine entstehen nicht selten dadurch, dass diese Kunden oft gar nicht wissen, wie viel Aufwand eine Übersetzung bedeutet, wie lange es dauert, 20 Seiten zu übersetzen. Sie haben schlicht keine Ahnung von den Prozessen, die dahinterstecken. Hier braucht man viel Geduld, und eine gute Portion Stressresistenz schadet nicht.

Aber Direktkunden bieten meiner Erfahrung nach auch das meiste Spezialisierungspotenzial. So viele verschiedene Branchen es gibt, so viele Möglichkeiten gibt es auch, für sich eine Nische zu finden, in der man sich ohne viel Konkurrenz positionieren kann.

Die Akquise von Direktkunden ist nicht so einfach wie die von Agenturen. Und es gibt hier kein Patentrezept. Aber es gibt eben auch nicht nur einen Weg zum Erfolg. Akquise-Gurus empfehlen meist die gut vorbereitete Kaltakquise per Telefon oder Brief. Doch das liegt nicht jedem. Und auch nicht jeder Kunde ist so zu erreichen.

Meiner Erfahrung nach führt der beste Weg zum Direktkunden über eine persönliche Verbindung. Das kann zum einen eine Empfehlung durch einen Kollegen sein, der schon für den Kunden arbeitet. Ich würde behaupten, in 90 % der Fälle macht der Kunde sich nicht mehr die Mühe, andere Angebote einzuholen, wenn ihm ein Übersetzer empfohlen wurde und dessen Angebot einigermaßen in das kalkulierte Budget passt.

Zum anderen ist es der persönliche Kontakt. Auf Messen, Veranstaltungen von Außenhandelskammern etc. trifft man die Kunden direkt und kann eine viel persönlichere Beziehung herstellen, als es per E-Mail oder per Post jemals möglich wäre. Allein die Tatsache, dass man gleich ein Gesicht des Gesprächspartners vor Augen hat, ist viel wert. (Übrigens sollte man auch bei Stammkunden, mit denen man schon zusammengearbeitet und sich jahrelang per E-Mail ausgetauscht hat, versuchen, auf Messen oder Veranstaltungen einmal ein persönliches Kennenlernen zu arrangieren. Das dient der Kundenbindung. Und der psychologische Vorteil ist nicht zu unterschätzen. Die Absage zu einem Angebot geht leicht von der Hand, wenn man mit dem Gegenüber nur per E-Mail Kontakt hatte.)

3.3.4 Institutionen und Organisationen

Was die Vielfalt der Spezialisierungsoptionen angeht, stehen die Institutionen und Organisationen den Direktkunden in nichts nach. Der Übersetzungsbedarf ist oft ein anderer als bei Direktkunden aus der Industrie. Dafür haben Projekte manchmal auch mal mehr Zeit.

Institutionen und Organisationen verfügen aber auch manchmal, vor allem, wenn sie durch Organe auf Bundes- oder Landesebene reglementiert werden, über wenig bis kein Budget für Übersetzungen. Oder man ist bei den Honoraren gesetzlichen Vorgaben unterworfen, die dem Übersetzer wenig Spielraum lassen und nicht selten unangemessen sind oder zu Ungunsten des Sprachmittlers ausgelegt werden.

Dolmetscher und Übersetzer, die für die Justiz arbeiten, werden nach dem JVEG, dem Justizvergütungs- und -entschädigungsgesetz, bezahlt. Für Übersetzungen gelten feste Zeilenpreise, die sich nach Seltenheit der Sprache. Editierbarkeit und Schwierigkeit der Vorlage sowie der Eilbedürftigkeit richten. Dolmetscher arbeiten nach festen Stundensätzen abhängig nach der Art der Verdolmetschung. Bei erster Betrachtung mag eine Festlegung von Preisen per Gesetz sinnvoll erscheinen, und manch ein Fachübersetzer wäre wahrscheinlich froh, wenn er bei Preisverhandlungen auf einen Paragrafen verweisen könnte, statt sich an der eigenen Kalkulation und den marktüblichen Preisen orientieren zu müssen. Doch die im Gesetz festgeschriebenen Regelungen werden immer wieder unterlaufen, es werden Ausnahmeregelungen ausgenutzt bzw. an der Grenze des Zulässigen ausgelegt. Hier gilt es, sich ein dickes Fell zuzulegen, sachlich unter Verweis auf die gesetzlichen Vorgaben zu argumentieren und Rahmenverträge oder die Zusammenarbeit mit Agenturen zu vermeiden.

Tipp

Informieren Sie sich über die Sätze und Abrechnungsmethoden und scheuen Sie sich nicht, diese auch durchzusetzen. Die Ergebnisse der Mitgliederbefragung von Prof. Hommerich hat gezeigt, dass gerade bei Strafverfolgungsbehörden die gesetzlichen Sätze nicht immer gezahlt werden. Man kann nur darüber spekulieren, ob es möglicherweise daran liegt, dass die Kolleginnen und Kollegen nicht ausreichend informiert sind, welche Bezahlung gesetzlich verankert ist – oder sich nicht trauen, diese durchzusetzen. Fakt ist aber: Je mehr Sprachmittler sich weigern, eine Bezahlung am JVEG vorbei zu akzeptieren, desto häufiger werden die Justizbehörden gezwungen sein, die JVEG-Sätze zu zahlen.

Die Akquisition von solchen Aufträgen erfolgt nicht selten passiv, weil man in einer Datenbank aufgeführt von den Justizbehörden kontaktiert wird.

Auch im sozialen, medizinischen, psychotherapeutischen und kommunalen Bereich werden Sprachmittler, häufig Dolmetscher, benötigt, um Flüchtlinge und Einwanderer zu unterstützen. Eine anspruchsvolle, doch leider aufgrund der Flüchtlingskrise und der immer knapper werdenden öffentlichen Mittel häufig auch schlecht bezahlte Tätigkeit, in der immer mehr sogenannte „Laiendolmetscher" den gut ausgebildeten Kollegen Konkurrenz machen. Nicht selten wird man kurzfristig zu Einsätzen (z. B. in Notfällen) gerufen, man muss also zeitlich recht flexibel sein. Dazu kommt eine besondere kulturelle Dimension, denn unterschiedliche Ansichten zu Gesundheit und Krankheit in verschiedenen Kulturen sorgen häufig für erklärungsbedürftige Verhaltensmuster und Verständnisschwierigkeiten. Auch eine gehörige Portion Menschenkenntnis schadet hier sicher nicht. Als Gegenleistung für Einsatzbereitschaft und zeitliche Flexibilität winken aber gerade in diesem Bereich häufig Dankbarkeit seitens der verdolmetschten Personen und das gute Gefühl, geholfen zu haben.

3.3.5 Privatkunden

Privatpersonen sind natürlich eine große Zielgruppe für Übersetzer. Häufig werden Zeugnisse, Urkunden etc. in einer anderen Sprache benötigt, und in der Regel müssen diese auch beglaubigt werden. Auch bei einer Hochzeit wird hin und wieder ein Dolmetscher benötigt. Wer sich also öffentlich bestellen und beeidigen lässt[31], hat gegenüber anderen Übersetzern schon einen kleinen Spezialisierungsvorteil.

Die Zusammenarbeit mit Privatkunden muss einem liegen; es kommt hier viel häufiger zu persönlichem Kontakt z. B. bei der Übergabe von Urkunden. Auch Privatkunden haben ähnlich wie Direktkunden meist kein Verständnis für Übersetzungsprozesse und den Aufwand, der damit verbunden ist. Daher reagieren sie auch oft mit Unverständnis auf den Preis für eine Übersetzung. Hier besteht viel Aufklärungsbedarf.

Sie sehen, die möglichen Zielgruppen, die ein Übersetzer ins Auge fassen kann, sind sehr vielfältig. Bei der Eingrenzung Ihrer Zielgruppe sollten Sie sich daher gut überlegen, welche Kunden wirklich zu Ihnen passen und welche Bedürfnisse dieser Zielgruppen Sie sinnvoll wirtschaftlich befriedigen können. Verbiegen Sie sich nicht. Aber machen Sie es sich auch nicht zu bequem. Bei der Kundenakquise ein Stück weit die eigene Komfortzone zu verlassen und sich selbst zu fordern, bringt Ihr Geschäft sicher nach vorne. Sie werden daran wachsen.

31 Dank des föderalistischen Systems in Deutschland gibt es leider keine einheitlichen Bezeichnungen. In Nordrhein-Westfalen wird man als Übersetzer „ermächtigt", in Hamburg „öffentlich bestellt und vereidigt", und in Bayern erhält man die Bezeichnung „beeidigter Übersetzer".

4 Interview mit Tanja Güllicher

Tanja Güllicher kommt aus Hamburg, wo sie als spezialisierte Fachübersetzerin aus dem Englischen und Französischen übersetzt. Ihre Spezialisierung liegt im Bereich Medizin, und sie arbeitet inzwischen ausschließlich für Übersetzungsagenturen.

Du bist Übersetzerin. In welchen Bereichen arbeitest Du?

Ich übersetze medizinische Fachtexte aus dem Englischen und Französischen ins Deutsche; schwerpunktmäßig in verschiedenen Bereichen der Inneren Medizin wie Onkologie, Immunologie/Infektiologie, Ernährung und Stoffwechsel sowie im Bereich der medizinischen Biotechnologie. Meine Zielgruppen sind einerseits in der medizinischen Fachwelt angesiedelt, z. B. mit Artikeln für Fachzeitschriften, Lehrbuchtexten, Dokumentation zu klinischen Studien, Unterlagen für Zulassungsverfahren, pharmazeutischen Produktinformationen usw., andererseits übersetze ich auch Texte für Nicht-Mediziner, z. B. Artikel, Broschüren, PR und Internetseiten für Patienten und interessierte Laien oder Unterlagen zur Schulung von Vertriebspersonal oder zur Patientenaufklärung.

Wer sind Deine Kunden? Arbeitest Du mit Agenturen und/oder Direktkunden?

Ich arbeite schon immer vorwiegend und seit einigen Jahren nahezu ausschließlich mit Agenturen, und zwar hauptsächlich mit ebenfalls auf Medizin spezialisierten, kleineren bis mittelgroßen Agenturen mit ein- bis zweistelliger Mitarbeiterzahl. Anfangs hat es sich so ergeben, weil es der einfachere Weg des Markteintritts war, inzwischen – nachdem ich beides ausprobiert habe, Agenturen und Direktkunden unterschiedlichster Unternehmensgröße – arbeite ich aus voller Überzeugung mit ausgewählten, qualitätsorientierten Agenturen. Das hat verschiedene Gründe:

Auf diese Weise muss ich mich nicht damit überfordern, die Endkunden, also große medizinische Fachverlage, Pharmakonzerne etc., allein zufriedenstellen zu wollen – entweder müsste ich dann ja zumindest für die Abteilung, mit der ich zusammenarbeite, möglichst sämtliche anfallenden Texte abdecken können, auch wenn es zwischendurch mal z. B. um Recht oder Finanzen geht – wozu ich absolut keinen Draht und keine Neigung habe. Oder aber ich müsste solche Texte an Kollegen weitervermitteln, und an dieser Mittler- und

Auftraggebertätigkeit – und am Korrekturlesen/Lektorieren – habe ich ebenfalls keinen Spaß.

„Meine" Agenturen sortieren aber nicht nur vor, welche Aufträge zu mir passen und welche bei anderen Kollegen in besseren Händen sind, sondern nehmen mir auch die Arbeitsschritte vor und nach dem eigentlichen Übersetzungsvorgang weitgehend ab. Ich muss mich nicht oder nur in minimalem Umfang mit Auftragsklärung, Projektmanagement, Panikausbrüchen beim Endkunden, späterer Layoutkontrolle etc. befassen, sondern kann mich auf meine Lieblingsaufgabe konzentrieren und entspannt und stetig vor mich hinarbeiten. Das ist natürlich Geschmackssache; andere Kollegen mögen gerade die Vielfalt der Aufgaben, wenn man ein Projekt von A bis Z begleitet, die Aufregung in der Endspurtphase usw.

Nebenbei habe ich auch eine freiere Zeitgestaltung – ich kann Urlaub machen, wann ich will, und nicht, wenn bei meinen Hauptkunden gerade „Nebensaison" ist, und ich kann problemlos sagen, dass ich in den nächsten Wochen keine Zeit für neue Aufträge habe, und bekomme dann für diesen Zeitraum eben keine Anfragen. Und wenn ich umgekehrt Bescheid sage, dass ich gerade freie Kapazitäten hätte, werden die oft im Handumdrehen gebucht.

Der größte Haken bei der Arbeit mit Agenturen ist für mich, dass Rückfragen zum Text manchmal schwierig bis zum richtigen Ansprechpartner durchzubringen sind – oft erhält man erstmal eine mäßig qualifizierte Antwort von einem Projektmanager auf Agentur- oder Kundenseite und nicht von einer Fachperson selbst, aber in einem diplomatisch-hartnäckigen zweiten Anlauf lässt es sich dann meistens klären.

Die finanzielle Seite ist für mich jedenfalls kein Argument in die eine oder die andere Richtung – ich habe, als ich noch mehr für Direktkunden gearbeitet habe, ein gutes Jahr lang akribisch protokolliert, bei welchem Auftrag letztlich welcher Ertrag pro Stunde für mich herumgekommen ist, und da lagen die beiden Kundengruppen beim Stundenlohn exakt gleichauf, obwohl die Wort- bzw. Zeilenpreise, die ich den Endkunden berechnet habe, rund das Anderthalbfache der Agenturpreise betrugen.

Mein Arbeitsmodell entspricht also sowohl meinen persönlichen Präferenzen als auch dem, was m. E. gut zu den Strukturen meines Markts passt.

Wie kommst Du an neue Kunden? Welche Marketingmaßnahmen betreibst Du?

Networking und Empfehlungen. Am Anfang habe ich a) aus allgemeinem Interesse am kollegialen Austausch viel darauf gesetzt, Kollegenkontakte zu knüpfen, von denen dann aber viele auch zu ersten Aufträgen in Untervergabe geführt haben, und mich b) aktiv bei Agenturen beworben, die mir „sympathisch" waren, z. B. weil sie sich mit fachlicher Spezialisierung und Qualitätsorientierung profilierten statt über niedrige Preise; mit der einen oder anderen davon kam ich ins Geschäft, und dann kamen die restlichen Kunden eigentlich von selbst – mal weil eine Kollegin, die ich von einer Veranstaltung kannte, mich für ein größeres Projekt mit ins Boot geholt hat, mal weil eine Projektmanagerin die Agentur wechselte oder eine eigene Agentur gründete und sich von dort wieder bei mir meldete, oder weil ein Kollege eine Anfrage nicht übernehmen wollte und stattdessen mich empfahl.

Wie kam es zu Deiner Spezialisierung? Warum hast Du Dich für diesen Bereich entschieden?

Für den Bereich der Medizin habe ich mich aus purem Interesse entschieden – ich fand schon in der Schule Biologie spannend und finde es bis heute absolut faszinierend, wie ein Organismus funktioniert und was die Menschheit sich so alles ausdenkt, um etwas dagegen tun zu können, wenn ein Körper mal nicht so funktioniert, wie er soll.

Ich halte die persönlichen Interessen für einen extrem wichtigen Faktor bei der Wahl des Fachgebiets – ich könnte mich schlecht in der für Fachübersetzungen notwendigen Tiefe in ein Fachgebiet einarbeiten, das mich nicht fasziniert und begeistert, nur, weil es da „viel zu tun gibt" oder „gute Preise gezahlt werden". Bei vielen Kollegen ergibt sich die Spezialisierung natürlich auch im Laufe der Zeit z. B. durch eine Festanstellung oder andere Fügungen eher von selbst, aber auch bei ihnen sicherlich eher selten auf einem Gebiet, das sie vorher schrecklich fanden, sondern vielleicht nur noch nie so genau betrachtet haben – umfassende Neugier im Sinne einer Fähigkeit, sehr vieles interessant finden zu können und sich entsprechend in ein Thema hineinknien zu können, gehört schließlich zu den wichtigsten Qualitäten eines Übersetzers.

Für meine Spezialisierung auf Medizin habe ich im Studium die Grundlagen gelegt, eher auf eigene Faust – in meinem Dolmetscher-/Übersetzerstudium wurden damals nur Recht und Wirtschaft als Fachgebiete angeboten, ich habe dann eine Abschlussarbeit über ein medizinisches Thema geschrieben. Und als ich mich dann nach der Uni selbständig machte, habe ich mir Medizin – und damals auch noch IT – als Fachgebiet auf die Fahnen geschrieben, habe dann von nicht allzu spezialisierten Agenturen nicht allzu fachspezifische medizinische Texte angenommen und mich für jeden einzelnen dieser Aufträge mit Riesenaufwand vorbereitet und eingelesen, sozusagen jedes Mal so wie für meine Uni-Abschlussarbeit im Kleinen. Das war natürlich am Anfang kurzfristig gerechnet völlig unwirtschaftlich, und ich hätte sicherlich einen besseren Stundenlohn erzielt, wenn ich wie im Studium weiter gekellnert hätte, aber es war eine Investition in die fehlende fachliche Seite meiner Qualifikation – irgendwann begannen sich dann die angelesenen Grundlagen soweit anzusammeln, dass ich bei neuen Aufträgen schon etwas hatte, worauf ich aufbauen konnte, und die Einarbeitungszeiten wurden nach und nach kürzer, das Interesse aber nicht kleiner.

Was sind die Besonderheiten dieser Fachgebiete? Braucht man nicht ein Medizinstudium, um ausreichende Kenntnisse zu haben?

Natürlich wäre es traumhaft, die Doppelqualifikation eines Medizin- und Sprachmittlerstudiums zu haben, aber ich kenne fast nur Kollegen, die entweder den einen *oder* den anderen Abschluss mitbringen und sich die fehlende Seite selbständig erarbeiten. Man muss aber die fehlende Hälfte mit ausreichendem Problembewusstsein ergänzen und nicht etwa als Medizin-Absolvent denken „Everybody cans English!" bzw. als Übersetzer-MA meinen, man müsse ja inhaltlich nicht unbedingt alles verstehen, was man übersetzt. Ich habe nach der besagten Abschlussarbeit und dem ausgiebigen Einlesen begonnen, regelmäßig medizinische Fortbildungen zu besuchen – von mehrtägigen Seminaren für Medizinübersetzer über Webinare zu medizinischen Themen bis hin zu geeigneten deutschsprachigen Fortbildungen und Fachtagungen für Ärzte und medizinische Forscher.

Medizin und Pharmazie sind ja sehr große Fachgebiete, und ich behaupte, man kann sich unmöglich in dem gesamten Gebiet der Medizin auskennen. Wie siehst Du das? Grenzt Du Dein Fachgebiet ein?

Das sehe ich auch so. Mein Schwerpunkt ist in der Inneren Medizin und da wiederum in der Onkologie, Immunologie etc., also im Prinzip in den Bereichen, in denen die „kleinteilige" Interaktion zwischen Zellen, Botenstoffen und Molekülen im Mittelpunkt steht. Aufträge z. B. zu orthopädischen oder zahnmedizinischen Themen nehme ich nur an, wenn sie keinen hohen Fachlichkeitsgrad haben.

Wie gehst Du mit Anfragen aus anderen Fachgebieten um?

Ich habe anfangs auch viel und gern im Bereich IT gearbeitet; gelegentliche Anfragen aus diesem Bereich bzw. aus einer Schnittmenge aus IT und Medizin nehme ich auch weiterhin an. Einen Text, der sich rein um ein Thema aus Technik, Recht oder Finanzen dreht, lehne ich auf jeden Fall ab – im Zweifelsfall verbunden mit dem Angebot, einen Kollegen zu empfehlen, der das übernehmen kann. Weniger eindeutig wird es, wenn der fachliche Gehalt eines Texts zwar hauptsächlich medizinischer Natur ist, aber auch Aspekte aus anderen Bereichen mit hineinspielen, dann wäge ich ab, ob ich das mit vertretbarem Aufwand trotzdem gut übersetzen kann, z. B. weil ich einen guten Ansprechpartner oder ergiebiges Referenzmaterial habe. Wenn das nicht der Fall ist, kann es bei längeren Texten auch eine Lösung sein, den Auftrag aufzuteilen, dann übernimmt beispielsweise vom Geschäftsbericht des Biotech-Unternehmens eine Kollegin den Teil mit den Finanzergebnissen und ich den Teil, in dem es um die Produkte und aktuellen Forschungsprojekte geht.

Wie bildest Du Dich weiter? Welche Weiterbildungsmaßnahmen kannst Du Kollegen empfehlen, die sich auf Medizin spezialisieren möchten?

Ich besuche neben allgemeinen Übersetzer-Branchenveranstaltungen einerseits Wochenendseminare und Webinare für Medizinübersetzer, die z. B. von BDÜ-Landesverbänden angeboten werden, und andererseits geeignete Veranstaltungen aus der Medizin- und Biotech-Branche. Außerdem gibt es ein vielfältiges Angebot an MOOCs und, falls man eine Uni in der Nähe hat, teilweise auch an Präsenz-Univeranstaltungen, die man besuchen könnte; das steht bei mir aber auch erst auf der Wunschliste.

Wichtig finde ich persönlich auf jeden Fall, dass die Referenten a) Mediziner und keine Übersetzer und b) Deutsch-Muttersprachler sind und die Vortragssprache auch Deutsch ist, damit ich außer dem Fachlich-Inhaltlichen auch den Sprachgebrauch meiner Leser-Zielgruppe besser kennenlerne.

5 Strategien zur Spezialisierung – das richtige Maß

Am Beispiel von Tanja Güllicher wird deutlich, dass eine gut strukturierte Spezialisierung mit klaren Vorstellungen zur Zielgruppe sinnvoll ist. Es zeigt aber auch, dass Spezialisierung mitunter harte Arbeit sein kann und eine Menge Einsatz und Durchhaltevermögen, vor allem auch den einen oder anderen Richtungswechsel erfordert.

Es sollte aus den vorangegangenen Kapiteln hervorgegangen sein, warum eine Spezialisierung erstrebenswert ist. Und vor jeder Spezialisierung steht eine Analyse der Fähigkeiten und Kunden. Soweit, so gut. Doch was kommt dann? Wie geht man vor, wenn man sich spezialisieren möchte?

Wer sich mit Spezialisierung befasst und sein eigenes Portfolio dahingehend prüft, wird früher oder später mit der Frage konfrontiert, in welchem Maße er sich spezialisieren sollte. Wie eng er seine Spezialisierung fassen sollte, um sich noch von der Masse abzuheben, aber nicht zu stark einzuschränken. Auch hier gibt es keine Patentlösung, keine eindeutige Antwort. Es kommt auf das gewählte Fachgebiet, die Dienstleistung und auf die Sprache an. Kurz: Es kommt darauf an, wie groß die gewählte Zielgruppe ist bzw. sein soll.

Jeder Sprachmittler muss für sich das richtige Maß finden. Spezialisierung im richtigen Maß, das betrifft zwei Fragen:

1. Wie eng soll ich mich spezialisieren? Was darf ich annehmen, welche Aufträge sollte ich ablehnen?
2. Wie tief geht Fachwissen eigentlich? Wann bin ich ein Experte auf einem Fachgebiet? Muss ich alles wissen?

5.1 Wie eng oder wie weit fasse ich meine Spezialisierung?

Eine Spezialisierung ist auf drei Arten möglich:

1. über die Sprache
2. über eine Zusatzleistung oder einen besonderen Service
3. über die Fokussierung auf ein Fachgebiet

5.1.1 Spezialisierung über die Sprache

Sehr viele Kollegen haben Englisch als Arbeitssprache. Das liegt in der Natur der Sache, denn in aller Regel lernen wir hier in Deutschland Englisch als erste Fremdsprache, und das in einem Alter, in dem uns Sprachenlernen noch sehr leicht fällt. Auf diesen Kenntnissen lässt sich in einem späteren Studium sehr gut aufbauen. (Es verleitet leider auch viele Kollegen, sich ihres Schulenglisches allzu sicher zu sein und sich damit als Übersetzer in den Markt zu begeben. So entsteht zunächst einmal vermeintlich viel Konkurrenz durch nicht qualifizierte Übersetzer.)

Wer aus einer kleineren Sprache übersetzt, hat weniger Sorgen bei der Kundenakquise. Denn je kleiner die Sprache ist, aus der er oder sie übersetzt, desto weniger Menschen wird es geben, die diese Sprache ebenfalls beherrschen. Es gibt schlicht weniger Konkurrenz. Eine Exotensprache ist aber Fluch und Segen zugleich. Zum einen bedienen Sie wahrscheinlich allein mit der Sprache schon eine Nische und sollten eine gute Auftragslage haben. Die Konkurrenz ist ja nicht so groß. Bei den Übersetzern der skandinavischen Sprachen in Deutschland würde ich sagen, 70 % der Namen habe ich schon mal gehört oder irgendwo gelesen.

Aber: Eine Spezialisierung zusätzlich zu einer Exotensprache kann Sie unter Umständen zu sehr einschränken. Mit Fachübersetzungen für Raumfahrttechnik stehen Sie mit Englisch als Arbeitssprache sicher gut da. Mit Bulgarisch sieht die Lage allerdings anders aus, ich könnte mir vorstellen, dass die Auftragslage in diesem Gebiet nicht so rosig ist. (Wie schwierig die Spezialisierung mit einer Exotensprache ist, können Sie im Interview mit dem Isländisch-Übersetzer Magnús Kristinsson ab S. 91 nachlesen.)

Dennoch gilt: Auch bei Exotensprachen sollten Sie mindestens einen Schwerpunkt ausbilden, wenn es irgendwie möglich ist. Denn neben allen Positionierungsaspekten ist Spezialisierung auch ein Qualitätsmerkmal, mit dem Sie Ihre Leistung aufwerten, ähnlich wie bei einem Fachanwalt. Vermeiden Sie also auch als Übersetzer einer Exotensprache zu kommunizieren: „Ich übersetze alles".

Als Faustregel können Sie sich merken: Je kleiner die Arbeitssprache, desto weiter sollte das Fachgebiet sein, und umgekehrt: Je größer die Arbeitssprache, desto spezialisierter sollte man sich aufstellen.

Bedenken Sie auch: Der Rechercheaufwand bei kleinen Sprachen ist in der Regel höher. Zwar bietet das Internet inzwischen gute Ressourcen, doch aufgrund der wenigen Sprecher einer Exotensprache ist schlicht weniger Material (online) verfügbar, was die Terminologiesuche und Nachschlagemöglichkeiten erschwert. Das sollten Sie bei der Spezialisierung und vor allem bei der Kalkulation Ihrer Wort- oder Zeilenpreise berücksichtigen.

5.1.2 Zusatzleistungen und Service

Nicht immer muss die Positionierung über eine exotische Sprache oder ein aufwendig erarbeitetes Fachgebiet erfolgen. Warum nicht einfach besonderen Service oder eine Zusatzleistung anbieten? Zusatzleistungen könnten im Prinzip alle Arbeitsschritte sein, die der Kunde sonst zusätzlich einkaufen oder selbst erledigen müsste. Wer viel für Verlage arbeitet oder häufig Broschüren und Werbematerial übersetzt, könnte DTP als Zusatzleistung anbieten (DTP = Desktop-Publishing, also die Aufbereitung von Texten im Layout bis zur Veröffentlichung). Hierzu sind u. U. Investitionen in nicht ganz preiswerte Software wie InDesign von Adobe nötig sowie eine intensive Einarbeitung in die Programme. Doch wem das liegt oder wer vielleicht schon Erfahrung aus früheren Tätigkeiten hat, tut gut daran, dies als Zusatzleistung mit anzubieten.

Ebenfalls denkbar als Zusatzleistung wäre das Angebot, Übersetzungen auch in umgekehrter Sprachrichtung abzuwickeln. In meiner Branche haben die Kunden nicht selten doppelt Bedarf an Übersetzungen: Erst muss die Bauausschreibung ins Deutsche übersetzt werden, damit Angebote kalkuliert werde können. Eingereicht werden diese Angebote dann aber auf Norwegisch, Dänisch oder Schwedisch. Hierfür beauftrage ich muttersprachliche Kollegen, übernehme aber die komplette Abwicklung und das Qualitätsmanagement. Der Kunde bekommt alles aus einer Hand, er muss sich für Schwedisch, Norwegisch und Dänisch nur einen Ansprechpartner merken und hat keinen weiteren administrativen Aufwand.

Auch besonderer Service kann der Spezialisierung dienen. Wer sich vom Nine-to-Five-Prinzip lösen kann oder auch am Wochenende am Schreibtisch sitzen mag, könnte insbesondere für Eilaufträge der richtige sein, wenn die sonst beauftragten Kollegen nicht verfügbar sind. Viele Kollegen empören sich über Anfragen am Abend oder übers Wochenende, insbesondere, wenn die Kunden keinerlei Eil- oder Wochenendzuschlag anbieten wollen. Aus der Sicht eines Angestellten ist diese Empörung durchaus berechtigt, und wer auch als Freiberufler festgelegte Bürozeiten wochentags von 9 bis 17 Uhr hat, arbeitet verständlicherweise nicht gerne wie selbstverständlich abends oder am Wochenende. Doch in einer so digital orientierten Welt wie der unseren verschwimmen die Grenzen zwischen Freizeit und Arbeit unvermeidbar. Das kann man sich zu Nutzen machen. Man muss ja nicht rund um die Uhr am Schreibtisch sitzen. Aber zu kommunizieren, dass man auch nach 17 Uhr noch einsatzbereit ist oder am Wochenende einspringen kann, wenn es brennt, bringt dem Kunden schon einen erheblichen Mehrwert. Und mit einem Smartphone kann man die Auftragsannahme auch mal auf der Terrasse aus dem Liegestuhl erledigen. Als „Frei"berufler haben wir auch die Freiheit, selbst über unsere Arbeitszeiten zu entscheiden, unter der Woche an den Badesee zu gehen und dafür am Wochenende zu arbeiten. Für uns ist es Freiheit, für unsere Kunden ein Zusatznutzen.

Und noch etwas gilt es zu bedenken: Im Rahmen der Globalisierung gehört es längst zu unserem Alltag, dass wir für Kunden und Agenturen auf der ganzen Welt arbeiten, die zu anderen Zeiten im Büro sind. Demjenigen, der hier etwas flexibler seine Arbeitszeiten gestaltet, eröffnet sich das Potenzial eines weitaus größeren Kundenkreises, als wenn er sich auf Kunden in unseren Breitgraden und Zeitzonen beschränkt.

5.1.3 Inhaltliche Spezialisierung auf ein Fachgebiet

Diejenigen von Ihnen, die sich nicht mit einer Exotensprache positionieren können, sollten sich also möglichst eng über ein Fachgebiet spezialisieren. Aber was bedeutet das genau?

„Als Fachgebiet, Fachbereich oder Fachrichtung werden einschlägige sachbezogene Themenbereiche bezeichnet, die Gegenstand einer inhaltlichen Spezialisierung sind. Das

Fachgebiet zeichnet sich durch eine spezifische Fachsprache aus. Fachkompetenz bezeichnet die Fähigkeit, auf dem Fachgebiet angemessen zu handeln."[32]

Die inhaltliche Spezialisierung ist der entscheidende Punkt: Jemand kennt sich inhaltlich in einem Gebiet besonders gut aus und ist in der Lage, dessen Fachsprache korrekt zu verwenden und dem Fachgebiet angemessen zu handeln, in unserem Fall: zu übersetzen. Eine dem Fachgebiet angemessene Übersetzung bedeutet, dass am Ende des Übersetzungsprozesses ein Text steht, der inhaltlich dem Ausgangstext entspricht, die richtige Fachsprache verwendet und den gleichen Zweck erfüllt wie der Ausgangstext. Er soll in der Übersetzung genauso funktionieren wie ein Originaltext. Kurz: Er sollte nicht mehr als Übersetzung zu erkennen sein.

Wie weit der Begriff „Fachgebiet" gefasst wird, dazu gibt es unter Übersetzerkollegen ganz unterschiedliche Auffassungen. Viele Übersetzer geben das Gebiet „Technik" als Spezialisierung an. Auf einigen Internetseiten liest man beispielsweise: „Spezialisiert auf die Fachgebiete Technik und Medizin."

Haben Sie eine Vorstellung davon, was das Gebiet Technik alles umfassen kann?

„Technik kann bedeuten: 1. die Gesamtheit der menschengemachten Gegenstände (Maschinen, Geräte, Apparate usw.)."[33]

Wer alles aus dem Fachgebiet Technik übersetzen will (und das wird mit einer solchen Aussage impliziert), hat entweder eine Vielzahl von Ingenieurstudiengängen absolviert, oder er oder sie verfügt über zu viel Zeit und will Abende, Nächte und Wochenenden mit Recherchieren verbringen. Der Begriff Technik ist so weit gefasst, dass im Grunde von Betriebsanleitungen für Lockenstäbe bis hin zu Verfahrensbeschreibungen von Kernreaktortechnik alles im Auftragspostfach landen könnte. Kaum jemand kann sich in all diesen Feldern gut auskennen, sodass er „dem Fachgebiet angemessen" übersetzen kann. Das wäre in etwa so, als würde der Leichtathlet sich nicht auf eine,

32 https://de.wikipedia.org/wiki/Fachgebiet, Stand vom 14. Oktober 2014

33 https://de.wikipedia.org/wiki/Technik, Stand vom 29.06.2016

nicht mal auf sieben oder zehn Disziplinen beschränken, sondern einfach alle absolvieren (und das sind immerhin 24 olympische!).

Es gilt also, die eigenen Kenntnisse und/oder die Lern- und Recherchebereitschaft einzuschätzen. Letztlich definieren Sie die Größe eines Fachgebietes über Ihr Fachwissen und Ihre Fachkompetenz, aber auch über den Aufwand, den Sie in Recherche investieren möchten und können. Wenn Sie ganz viel Freude am Recherchieren und Lernen haben, müssen Sie sich vielleicht nicht so sehr einschränken. Denken Sie hier wieder an die Analyse Ihrer Stärken und Schwächen aus Kapitel 2.

Anhand der Interviews in diesem Buch können Sie sehen, wie vielfältig die Wege in diesen Beruf sind und aus welchen unterschiedlichen Bereichen Übersetzer und Dolmetscher kommen. Für diejenigen, die vor dem Übersetzerstudium bereits einen Beruf ausgeübt haben, bietet sich natürlich an, eine Spezialisierung in diese Richtung zu entwickeln. Die Vorteile liegen auf der Hand: Wer sich vorher schon intensiv mit dem Thema und der zugehörigen Terminologie auseinandergesetzt hat, vielleicht bereits intensiv eingearbeitet ist, hat in der Übersetzung weniger Rechercheaufwand, kennt die richtigen Quellen und hat – neben dem Fachwissen – möglicherweise auch schon Ansatzpunkte für die Kundenakquise durch alte Kontakte.

Wenn Sie beispielsweise das allumspannende Fachgebiet *Technik* näher eingrenzen wollen, überlegen Sie sich: Wo genau im Bereich Technik kenne ich mich gut aus? Was interessiert mich? Maschinenbau? Hydraulik? Umwelttechnik? Dies gilt für andere globale Fachbereiche natürlich genauso. Auch in der Medizin ist eine Eingrenzung auf bestimmte Fachgebiete (z. B. auf Forschung und Entwicklung, Pharmazie etc.) notwendig und sinnvoll, um zum einen wirtschaftlich und effizient arbeiten zu können, zum anderen aber auch um die richtige Zielgruppe anzusprechen (Das ist sehr anschaulich am Beispiel von Tanja Güllicher in Kapitel 4 zu sehen).

In der Regel lässt sich das Fachgebiet bzw. die Spezialisierung dadurch schon recht gut eingrenzen. Aber natürlich bekommen Sie nicht immer Aufträge, die 100-%ig in den Rahmen passen, den Sie sich gesteckt haben. Das wird vermutlich sogar die Regel sein. Betrachten Sie dazu die folgende Grafik.

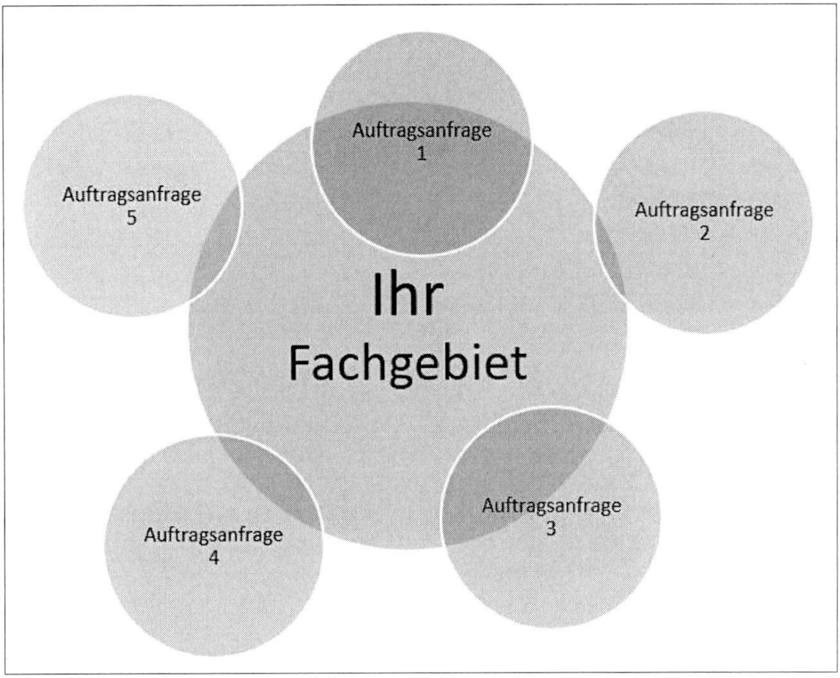

Abb. 8: Überschneidungen zwischen Fachgebiet und Auftragsanfragen

Sie sehen Ihr Fachgebiet als großen Kreis und diverse Auftragsanfragen, abgebildet in den kleinen Kreisen, die sich mehr oder weniger stark mit Ihrem Fachgebiet überschneiden. Mal bekommen Sie einen Auftrag, der sehr gut passt, so wie Auftragsanfrage 1, dann wieder einen, der eigentlich gar nicht passt, so wie hier Auftragsanfrage 2. Und bei jeder Anfrage müssen Sie neu entscheiden, ob Sie den Auftrag annehmen oder nicht.

5.1.3.1 Entscheidungsprozess

Wenn Sie eine Anfrage für Ihr Fachgebiet bekommen, sollten Sie immer abwägen:

1. Selbst wenn ich mich nicht hundertprozentig in dem Teilgebiet auskenne, habe ich zumindest ein grundsätzliches Verständnis der Materie?
2. Kann und muss ich mich noch tiefer einarbeiten?
3. Was würde diese Einarbeitung konkret an Mehraufwand bedeuten?
4. Und zuletzt: Steht der Aufwand für diese Einarbeitung im Verhältnis zu dem Geld, das ich damit verdiene?

Dieser letzte Punkt ist besonders relevant. Sie müssen den zu erwartenden Aufwand zum Ertrag in Relation sehen. Wenn Sie sich in ein neues Gebiet einarbeiten, werden Sie wahrscheinlich anfangs draufzahlen. Doch unter Umständen lohnt sich diese Investition. Denn wenn zu erwarten ist, dass Sie öfter vergleichbare Texte bekommen, lässt sich der Aufwand dieser Einarbeitung auf alle Aufträge umlegen und rentiert sich bald. Den ersten Text aus Ihrem neuen „Fachgebiet" werden Sie noch sehr langsam übersetzen, Sie werden viel recherchieren, Vokabeln suchen. Wenn Sie dabei nach Wörtern oder Zeilen bezahlt werden, wird in der Regel kein allzu guter Stundensatz dabei rauskommen. Doch je mehr Texte Sie zu diesem Thema bekommen, desto weniger müssen Sie recherchieren. Sie kennen die Terminologie, verstehen die Prozesse, die Übersetzung geht Ihnen leichter von der Hand.

Beispiel

Ich erinnere mich an die erste Ausschreibung für Reparaturmaßnahmen an einer Start- und Landebahn eines Flughafens in Norwegen, die ich übersetzt habe. Einer der ersten Aufträge für die Baubranche überhaupt, vermittelt von einem Verwandten, Auftragserteilung nach dem Motto: „Hier, Du übersetzt doch Schwedisch. Ist zwar Norwegisch, aber das ist ja fast das gleiche. Es muss auch nicht exakt sein. Ich muss nur wissen, was drinsteht." Blauäugig habe ich den Auftrag angenommen und in der Folge stundenlang recherchiert und immer wieder nachgefragt. Heute schreibe ich vergleichbare Texte ohne viel Recherche geradezu runter, weil mir die Terminologie und die Inhalte so vertraut sind. Die anfängliche Mühe hat sich also gelohnt und zahlt sich heute aus.

Wichtig ist: Seien Sie ehrlich zu sich selbst. Prüfen Sie die Texte, und wenn Sie ein ungutes Gefühl ob des Rechercheaufwands haben, lassen Sie es bleiben. Scheuen Sie sich – auch in der Anfangszeit, in der die Auftraggeber vielleicht nicht gerade Schlange stehen – nicht, Aufträge abzulehnen, wenn diese Ihr Fachgebiet zu wenig betreffen. Sie tun sich keinen Gefallen damit, eine solche Übersetzung macht meist auch wenig Spaß. So gehen Sie unter Umständen gleich unmotiviert an das nächste Projekt.

5.2 Wie tief geht Fachwissen?

Die zweite Frage, die es bei der Suche nach der eigenen Spezialisierung zu beantworten gilt, betrifft die Fachkenntnisse selbst. Und ich weiß, dass viele Kollegen die Vorstellung haben, ohne mindestens ein Ingenieurstudium als Grundlage könnten sie kein technisches Fachgebiet anbieten.

Wie tief geht Fachwissen eigentlich? Was macht einen Experten aus? Muss ich alles wissen?

Das sind Fragen, die sich die meisten im Spezialisierungsprozess fragen werden. Wie viel Wissen muss man sich in einem Fachgebiet aneignen, bevor man von einer Spezialisierung sprechen kann? Ist es notwendig, Terminologielisten auswendig zu lernen? Wie viele Fachbücher muss man gelesen haben, um sich Experte nennen zu dürfen? Und wer legt überhaupt fest, was ein Experte wissen muss?

Um gleich mit Missverständnissen aufzuräumen: Spezialisierung bedeutet nicht, als wandelndes Lexikon zu agieren. Sie können nicht alles wissen. Seien Sie sicher: Sie werden immer wieder auf Terminologie oder inhaltliche Aspekte stoßen, die Sie nicht kennen oder verstehen. Spezialisierung ist nicht Allwissenheit in einem Gebiet. Sie bedeutet nur, sich darin deutlich besser auszukennen als die Allgemeinheit. Sie bedeutet, Fachvokabular zu kennen, und zwar in beiden Sprachen, aber auch, die hinter einem Fachgebiet liegenden Prozesse und Abläufe zu verstehen. Wenn Sie Bauausschreibungen für Flughäfen übersetzen, dann sollten Sie wissen, was ein Runway ist, wo die Flugzeuge parken und wie Unterflurbefeuerung funktioniert.

Spezialisierung bedeutet aber auch zu wissen, wo es steht. Als spezialisierter Übersetzer kennen Sie Recherchemöglichkeiten, sind mit Fachzeitschriften vertraut, haben Kontakt zu Experten, die Sie befragen können. Kurz: Sie wissen, wie Sie sich selbst helfen können. Und das unterscheidet Sie von dem Übersetzer, der auf das Fachgebiet nicht spezialisiert ist. Der sich jedes Wort mühsam erarbeiten muss. Der von dem Thema nichts versteht. Der auch nicht weiß, wo und wonach der suchen soll, wenn er zu recherchieren beginnt.

Spezialisierung heißt, durch Aneignung von Fachwissen und Fachvokabular den Rechercheaufwand für eine Übersetzung so weit zu reduzieren, dass sich damit größtmöglicher wirtschaftlicher Erfolg erzielen lässt.

Eine Kollegin, seit vielen Jahren ebenfalls erfolgreich in der Baubranche spezialisiert, hat mir neulich einen Fall geschildert, der sehr anschaulich schildert, dass auch vermeintlich *alte Hasen* sich schwer verschätzen können.

Beispiel

Anfang des Jahres bekam sie eine Auftragsanfrage, es ging um Teile von Ausschreibungsunterlagen für den Bau einer Biogasanlage in Frankreich. Mit Biogas hatte sie bis dahin nichts zu tun gehabt, aber Ausschreibungsunterlagen funktionieren in der Regel recht ähnlich. Es gibt ein Leistungsverzeichnis, in dem die auszuführenden Bauleistungen beschrieben sind, und dazu verschiedene administrative Dokumente wie Vorschriften zu den Themen Arbeitsschutz, Umweltschutz, Versicherung und Finanzierung, Vertragsmuster usw. Derartige Dokumente hatte sie schon zigmal übersetzt, für ganz unterschiedliche Bauvorhaben, es sah daher nach einem Routineauftrag aus. Zum Thema Biogas kannte sie eine zuverlässige Quelle, einen Experten, den sie befragen konnte. Daher sah sie sich das Dokument kurz an, konnte auf den ersten Blick keine unüberbrückbaren Hindernisse entdecken und nahm den Auftrag an.

Ihren Experten musste sie kein einziges Mal befragen. Trotzdem recherchierte sie stundenlang, denn ihre Texte hatten gar nichts mit der Biogasanlage selbst zu tun. Es handelte sich um eine Umweltverträglichkeitsanalyse, und die Kollegin musste sich mit bedrohten Fledermausarten, Fischarten und Geologie, Wanderwegen und Feld-Entwässerung beschäftigen. So wurde aus ihrem vermeintlich lukrativen Routineauftrag eine teure Weiterbildung in Sachen Flora und Fauna.

Natürlich hätte ihr das bereits bei der Auftragsannahme auffallen müssen, doch in der Eile hatte sie nur einen flüchtigen Blick darauf geworfen, was sie später schwer bereute. Natürlich sollte man die Ausgangstexte möglichst intensiv ansehen, bevor man einen Auftrag annimmt. Was ich aber mit diesem Beispiel verdeutlichen möchte: Sie werden im täglichen Geschäft nicht immer die Möglichkeit haben, jedes Dokument bis ins kleinste Detail darauf zu prüfen, ob es genau auf Ihre Spezialisierung passt. Denn nur ganz selten wird man Ihnen die Zeit einräumen, ein 120 Seiten starkes Dokument auf Herz und Nieren zu prüfen. Und das könnten Sie sich auch gar nicht leisten, denn den Aufwand hierfür vergütet Ihnen niemand, wenn Sie den Zuschlag für den Auftrag später nicht bekommen.

Wenn Sie ein Dokument zur Ansicht erhalten, sollten Sie aber abschätzen können, ob Sie sich mit der Materie auskennen und wie hoch der Rechercheaufwand sein wird. Sie wägen ab**: Kann ich dieses Dokument fachlich korrekt übersetzen und dabei wirtschaftlich arbeiten?** Sie können nicht jede Seite durchlesen und Terminologie und Inhalt auf Unbekanntes prüfen. Anfangs werden Sie vermutlich mehr Zeit brauchen, Ausgangstexte zu prüfen; mit der Zeit bekommen Sie aber ein Gespür dafür und sehen schnell, ob das Dokument in Ihr Fachgebiet passt oder nicht.

Selbst wenn Sie viel Zeit haben, das Dokument zu sichten, Sie werden nicht jedes Wort überprüfen können. Ich behaupte, Sie werden immer Terminologie recherchieren müssen. Das ist in Ordnung, denn spezialisiert zu sein, Experte zu sein, bedeutet nicht, alles zu wissen. Dann müssten Sie sehr streng sein und jeden Text, in dem Sie nicht alle Wörter kennen, ablehnen – auch das wäre nicht sehr wirtschaftlich.

Sprache ist zu kreativ, zu vielfältig und zu veränderlich, als dass man alle Eventualitäten ausschließen könnte. Darüber hinaus sind auch die Themen zu vielfältig. Selbst wer sich in einem Teilgebiet noch so gut auskennt oder es noch so eng eingrenzt, wird immer wieder mit neuen Textsorten, Inhalten oder Terminologien konfrontiert sein, denn so wie die Sprache sind auch Branchen, Produkte, Prozesse etc. Veränderungen unterworfen, mit denen wir umgehen und an die wir unser Fachwissen anpassen müssen.

5.3 Wie viel Zeit braucht man für den Aufbau einer Spezialisierung?

"It's important to recognize above all that true mastery in language – and especially subject-matter expertise – requires brutal, hard work, measured in decades, and not the five minutes it takes to print 'expert' on a business card. In fact, true world-class expertise and professionalism as a translator requires 10,000 hours of focused practice under skilled supervision with consistent expert feedback."[34]

Diese These stellt der Übersetzer und Blogger Kevin Hendzel in seinem Blog Word Prisms auf und bezieht sich dabei auf den Ansatz des Psychologen Anders Ericsson, der 1993 die sogenannte 10.000-Stunden-Regel entwickelte.

34 Das Zitat stammt aus einem sehr lesenswerten Beitrag zur „Wir übersetzen alles"-Mentalität, die manche Übersetzer und noch mehr Agenturen vertreten: www.kevinhendzel.com/everybody-lies-marketing-claims-of-universal-expertise-by-freelance-translators-and-we-do-everything-agencies-damage-industry-credibility-and-drive-the-commodity-mentality/, abgerufen am 28.12.2016.

Man könnte es auch so zusammenfassen: Übung macht den Meister. Je länger wir etwas trainieren, desto besser werden wir darin. Dies soll laut Hendzel auch für die Sprachkenntnisse und die Übersetzungsfertigkeit gelten. Er geht sogar so weit, sämtliche *Shortcuts*, die einige Übersetzer vielleicht als Beleg ihres Expertentums anführen mögen, wie Sprachtalent und langjährige Aufenthalte im Land, nicht gelten zu lassen.

Man mag die These der 10.000 Stunden Übung für unsere Branche für etwas weit hergeholt halten, doch Fakt ist: Fachkenntnisse und Übersetzungsfertigkeiten bauen sich nicht über Nacht auf.

Sehen Sie sich einmal folgende Grafik an. Sie soll verdeutlichen, wie sich Fachwissen entwickelt.

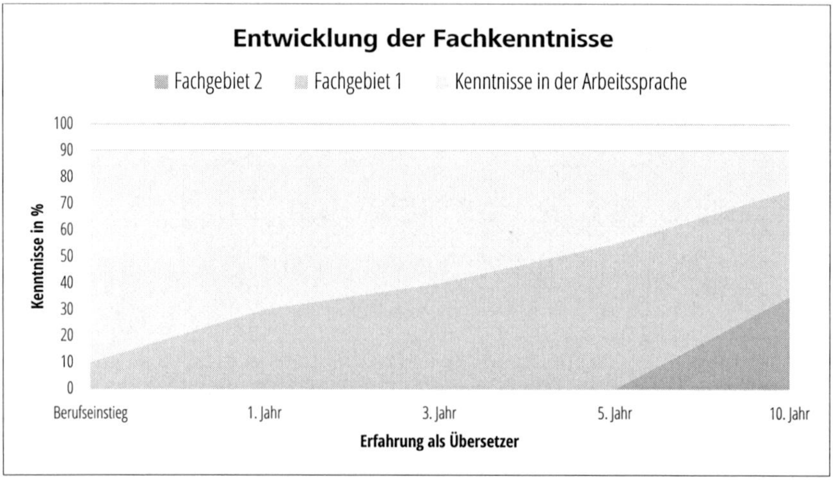

Abb. 9: Entwicklung der Fachkenntnisse im Zeitverlauf

Die Jahreszahlen dienen nur der Orientierung und sollen lediglich beispielhaft verstanden werden. Dieser Zeitraum lässt sich wirklich nicht pauschalisieren, der Prozess läuft bei jedem anders und unterschiedlich lang ab.

Zu Beginn Ihrer Tätigkeit als Sprachmittler sind Ihre Kenntnisse in einem Fachgebiet eher rudimentär, selbst mit einem Medizin- oder Ingenieursstudium. Sie kennen zwar die deutsche Terminologie und Methodik, aber wahrscheinlich nicht die spanischen oder französischen Pendants dazu.

Mit der Zeit – d. h. mit mehr und mehr erledigten Aufträgen in diesem Gebiet – lernen Sie diese Wörter in der Fremdsprache kennen, Sie verstehen mehr, erweitern Ihr Wissen. Sie haben bessere Recherchequellen, vielleicht haben Sie sich eine Terminologiedatenbank angelegt. Sie kennen die Zielgruppe und wissen, was Ihre Kunden brauchen und fordern. Kurz: Ihr Wissen wird spezialisierter.

Und irgendwann sind Sie ein Experte. Sie sehen in der Grafik, die Kurve von Fachgebiet 1 ist recht flach. Die Entwicklung eines Fachgebietes wird einige Zeit in Anspruch nehmen.

Gleichzeitig sammeln Sie in dieser Zeit Erfahrungen damit, wie oft und in welchem Umfang bestimmte Themen nachgefragt werden. Vielleicht lohnt es sich, ein zweites Fachgebiet auszubilden. Das muss dann u. U. deutlich schneller gehen, weil es gerade stark nachgefragt wird. In der Grafik sehen Sie, dass die Kurve für Fachgebiet 2 viel steiler ist.

Die Frage, wie viel Zeit der Aufbau einer Spezialisierung in Anspruch nimmt, lässt sich nicht zufriedenstellender beantworten als mit einem „Es kommt darauf an." Zu viele Faktoren wirken sich dabei aus: die Lernbereitschaft und Lernfähigkeit, die Zeit, die überhaupt zur Einarbeitung in ein Fachgebiet zur Verfügung steht, ggf. auch Veränderungen innerhalb des Fachgebietes.

6 Interview mit Olga Dmitrieva

Gleich zwei Ingenieurabschlüsse liegen der Spezialisierung von Olga Dmitrieva zugrunde. Die gebürtige Russin arbeitet mit den Sprachen Deutsch, Englisch und Russisch.

Kannst Du kurz beschreiben, was Du machst und wie Deine Spezialisierung aussieht?

Ich komme ursprünglich aus Sankt-Petersburg in Russland und lebe seit 2001 in Deutschland. Als Diplom-Ingenieurin und studierte Übersetzerin habe ich mich auf Fachübersetzungen im technischen Bereich spezialisiert. Seit über 16 Jahren bin ich selbständig in der Übersetzungsbranche tätig, meine Arbeitssprachen sind Deutsch, Englisch und Russisch (Muttersprache). Da technische Texte meistens strikt reglementiert sind und wenig Raum für Kreativität zulassen, übersetze ich sehr oft und gerne auch Marketingmaterialien, wie z. B. Werbebroschüren oder Websites meiner Kunden. Ich nehme ebenfalls gerne Aufträge in den Bereichen Mode, Design, Reisen und Lifestyle an, weil diese Themen mich persönlich interessieren und eine willkommene Abwechslung in dem häufig eintönigen Alltag des Technikübersetzers darstellen.

Wer sind Deine Kunden? Arbeitest Du mit Agenturen und/oder Direktkunden?

Ich arbeite sowohl mit Direktkunden als auch mit Agenturen. Bei Direktkunden liegt zwar der monetäre Vorteil ganz klar auf der Hand, man kann höhere Preise verlangen, aber meine Erfahrung zeigt, dass man sich nicht ausschließlich auf Direktkunden verlassen kann und sein Portfolio möglichst bunt gestalten sollte.

Bei großen Sprachen wie Englisch oder Französisch, die im europäischen Raum permanent im täglichen Geschäft verwendet werden, kann sich ein guter Übersetzer auf konstante Auslastung einstellen. Russisch hingegen gehört in dem Kontext der Auftragsvergabe zu eher „kleineren" Sprachen. Meistens entsteht der Bedarf an Russisch-Übersetzungen im Rahmen eines zeitlich begrenzten Projekts, z. B. wenn eine deutsche Firma ein Werk in Russland baut oder eine Maschinenlieferung nach Russland vorbereitet. Wird das Projekt erfolgreich beendet, übernimmt in der Regel die lokale Niederlassung alle weiteren Schritte, sodass die Übersetzungen dann vor Ort erstellt werden – primär aus Kostengründen. Für den externen Übersetzer bedeutet das folgende

Situation: Der Direktkunde schickt plötzlich Unmengen an Arbeit, die ein einzelner Übersetzer kaum bewältigen kann, und nach ein paar Monaten bzw. Jahren meldet er sich nie wieder, weil kein Bedarf mehr besteht. Hat man im Anschluss keine weiteren Projekte in Sicht, befindet man sich im Leerlauf und muss die Zeit irgendwie mit Akquise überbrücken.

Das Problem mit der ungleichmäßigen Auslastung kann man dadurch lösen, dass man dauerhafte Beziehungen mit Übersetzungsagenturen aufbaut. Größere Agenturen haben in der Regel ein breiteres Portfolio an Kunden in diversen Branchen – so ist es eher wahrscheinlich, dass einer von diesen Kunden gerade ein Russland-Projekt plant und dafür einen Fachübersetzer benötigt. Steht man bei seinen bevorzugten Agenturen ganz oben auf der Liste, weil man sich bereits als kompetenter und zuverlässiger Übersetzer erwiesen hat, kann man von einer nahezu konstanten Auslastung mit interessanten Aufträgen in den jeweiligen Fachgebieten ausgehen.

Wie gewinnst Du neue Kunden? Welche Akquise-/Marketingmaßnahmen nutzt Du?

Ich muss zugeben – ich bin Akquisemuffel, wie wahrscheinlich so viele von uns. Ich lese zwar regelmäßig Marketing-Ratgeber für Übersetzer und nehme mir fest vor, mehr Kaltakquise zu betreiben, aber ich lasse mir trotzdem alle möglichen Ausreden einfallen, wenn ich zum Hörer greifen und eine fremde Person am anderen Ende der Leitung von mir überzeugen muss. Akquise durch persönlichen Kontakt, wie z. B. auf Messen, gelingt mir zwar besser, jedoch konnte ich bisher auf diese Weise keine großen Aufträge ans Land ziehen.

Aufgrund meiner Arbeitssprachen ist mein Kunde sehr speziell und in Deutschland nicht einfach zu finden. Wenn ich mich irgendwo vorstelle, bekomme ich nicht selten folgende Antwort: „Ihr Profil sieht ja ganz toll aus, aber momentan haben wir leider keinen Bedarf für Russisch". Für mich heißt das: Entweder bin ich ständig auf der Suche, oder ich lasse mich finden. Von Kunden, die Bedarf haben und genau meine Leistungen wollen. Und weil sie von sich aus an einer Zusammenarbeit interessiert sind, muss ich sie nicht zuerst überzeugen bzw. lange Preisdiskussionen führen. Das ist weit weniger frustrierend als die Kaltakquise und stellt eine bessere Ausgangsposition für beide Seiten dar.

Damit die Kunden mich finden können, muss ich meine Alleinstellungsmerkmale ganz klar definieren und stets an meiner Sichtbarkeit als Dienstleister arbeiten. Dazu gehören: eine eigene professionell gestaltete und suchmaschinenoptimierte Website, aktuelle Profile in Übersetzerverzeichnissen, regelmäßige Präsenz in sozialen Netzwerken und Übersetzerforen, Eintragung in örtliche Verzeichnisse, eventuell Anmeldung bei der IHK und weitere Maßnahmen. Für mich lohnt sich der Aufwand für die Erhöhung meiner Sichtbarkeit weitaus mehr, als die ständige Jagd nach potentiellen Kunden. Und nicht zu vergessen – wenn der Kunde zufrieden ist, kommt er wieder bzw. empfiehlt mich weiter. In diesem Sinne ist die wichtigste Akquisemaßnahme – immer 100 % leisten und keine Abstriche bei der Qualität machen.

Du hast ursprünglich eine technische Ausbildung. Wie kam es zu der Entscheidung, als Übersetzerin arbeiten zu wollen? Und wann hast Du Dich für Deine Spezialisierung entschieden?

Bereits seit der zweiten Klasse war mein einziger Berufswunsch, Übersetzerin zu werden. Jedoch dadurch, dass alle in meiner Familie seit Generationen Ingenieure sind und man in Russland als studierter Sprachwissenschaftler keine guten Jobaussichten hat, habe ich mich nach dem Abitur für ein Studium der Nachrichtentechnik entschieden. Schon während des Studiums habe ich angefangen, mit Fachübersetzungen Geld zu verdienen. Dann kam ich durch ein Austauschprogramm nach Deutschland, habe in Leipzig an der Fachhochschule der Deutschen Telekom weiter studiert. Im Technologiezentrum von T-Systems in Darmstadt habe ich mein Praktikum absolviert sowie die Diplomarbeit geschrieben. Auch in dieser Zeit habe ich fleißig übersetzt.

Als ich dann meine beiden Ingenieur-Abschlüsse in der Tasche hatte, wollte ich endlich meinen eigentlichen Berufswunsch verwirklichen und Übersetzen studieren. Zu dem Zeitpunkt hatte ich schon die ersten Einblicke in die Branche gewonnen und wusste, dass technische Übersetzungen entweder durch Ingenieure erstellt werden, die zwar die Materie hervorragend verstehen, aber nicht gut schreiben können, oder durch Linguisten, die von Technik wenig Ahnung haben, aber ausgezeichnet formulieren können und alle Feinheiten ihrer Arbeitssprachen beherrschen. Ich habe die perfekte Nische für mich gefunden – ein Profi für Technik *und* Sprachen werden. Und heute kann ich mit Stolz sagen – diese Strategie ist voll aufgegangen.

Meine Spezialisierung hat sich zum größten Teil durch das erste Studium ergeben – Nachrichtentechnik, Telekommunikationen, Elektrotechnik, Elektronik, Messtechnik und Netzwerke, weil es die wichtigsten Themen im Ingenieurstudium waren. Mit meinem zweiten Studium an der Universität Heidelberg und Hochschule Mannheim knüpfte ich an das bereits vorhandene Wissensfundament an und wählte den sehr praxisbezogenen Studiengang Translation Studies for Information Technologies. So kamen zu meiner Spezialisierung solche wichtigen Fachgebiete wie IT, Informatik, Gebäudeautomation und Automatisierungstechnik hinzu.

Mit der Zeit haben sich die Schwerpunkte etwas verschoben, einige Fachgebiete sind weniger aktuell geworden, neue Fachgebiete kamen hinzu. Ich habe gelernt, wie wichtig es ist, immer flexibel zu bleiben und auf die Anforderungen des Zielmarkts zu reagieren. So übersetze ich z. B. nur noch selten in meinem ursprünglichen Bereich IT und Telekommunikation, weil hier fast alles auf Englisch abgewickelt wird. Ich übersetze viel lieber aus dem Deutschen und bevorzuge die Arbeit mit deutschen Firmen, die ihre Produkte nach Russland exportieren.

Häufig handelt es sich um elektronische Komponenten, Mess- und Steuerungstechnik für den Bereich Maschinenbau, in dem traditionell viel exportiert wird. Das bedeutet zwangsläufig, dass ich mich mit dem Thema Maschinenbau auseinandersetzen muss, um zumindest grundlegende Kenntnisse in diesem Bereich zu haben. Natürlich werde ich mich nicht mit den ganzen Feinheiten wie ein Maschinenbau-Ingenieur auskennen, aber durch diverse Fortbildungsmaßnahmen kann ich z. B. bei der Übersetzung einer Bedienungsanleitung für eine komplexe industrielle Anlage bewirken, dass ich die Inhalte verstehen und sinngemäß in die Zielsprache übertragen kann. So kann ich aktiv etwas tun, um nicht dem Kunden sagen zu müssen: „Tut mir leid, Ihre Bedienungsanleitung kann ich übersetzen, aber nur die Kapitel über elektronische Komponenten, Mess- und Steuerungstechnik. Für die Montageanweisungen, Beschreibung der Mechanik, Pneumatik und Hydraulik sowie für die Texte der Garantiebestimmungen, Urheberrechte usw. wenden Sie sich bitte an den jeweiligen Fachübersetzer."

Was würdest Du Übersetzern empfehlen, die keine technische Ausbildung haben, sich aber trotzdem in diesem Bereich spezialisieren möchten? Welche Weiterbildungsmöglichkeiten gibt es?

Mit Sicherheit bietet ein Studium ideale Voraussetzungen, um sich in dem jeweiligen Fachgebiet zu spezialisieren. Doch welche Alternativen gibt es, wenn man bereits drei bis fünf Jahre Übersetzungswissenschaft studiert hat und nicht noch ein Studium anfangen kann bzw. will, weil man schon eine Familie gegründet hat und dringend Geld verdienen muss?

Die erste denkbare Möglichkeit wäre ein Fernstudium. Viele deutsche Hochschulen, Fernuniversitäten und Fernschulen bieten Studien- und Lehrgänge in Maschinenbau, Informatik, Elektrotechnik usw. Dabei helfen die modernen E-Learning-Plattformen und Internet-Kommunikation, den Unterricht viel effektiver zu gestalten als früher. Außerdem kann man sich an vielen Einrichtungen als Gaststudent anmelden, um Vorlesungen zu bestimmten Themen live zu besuchen. So bekommt man einen besseren Überblick der Materie, hat direkten Kontakt mit anderen Studierenden und kann dem Dozenten persönlich Fragen stellen, wenn man etwas nicht versteht oder vertiefen möchte. Wenn es dazu noch die Möglichkeit gibt, an den Klausuren teilzunehmen, bekommt man am Ende ein Zertifikat und ist nachweislich weitergebildet.

Von vielen Quereinsteigern hört man, dass die jahrelange Festanstellung in einem Betrieb ihnen am meisten gebracht hat. Deswegen kann ich nur dazu raten, nach dem Studium eine Festanstellung oder ein Praktikum in einer Firma anzustreben, die in der jeweiligen Branche entwickelt und produziert. Denn nur so lernt man die internen Abläufe kennen, wird täglich mit den kleinsten Details konfrontiert und kann die Spezialisten direkt vor Ort mit seinen Fragen löchern.

Nicht zu unterschätzen ist eine Mentor-Mentee-Beziehung. Dabei kann man einen Mentor überall finden. Entweder gibt es jemanden in der Familie, der in einer technischen Branche tätig ist und bei Verständnisfragen helfen kann. Oder man nutzt die Mentoringprogramme der Berufsverbände, um einen erfahrenen Übersetzerkollegen als Mentor für sich zu gewinnen. Einzelne Kolleginnen bieten ebenfalls Unterstützung für den Nachwuchs in Form eines Praktikums an. Mit ein bisschen Glück kann sich eine Mentor-Mentee-Beziehung auch zwischen dem Übersetzer und dem technischen Redakteur beim Kunden entwickeln. Wenn letzterer dem Übersetzer bei terminologischen Rückfragen immer zur Seite steht und die Übersetzungen konsequent entsprechend der firmeninternen Regeln korrigiert, gewinnt der Übersetzer ebenfalls tiefe Einblicke in die Branche. Die Qualität seiner Arbeit verbessert sich zunehmend mit der Zeit und am Ende kann er sich sogar als Experte auf diesem speziellen Gebiet positionieren.

Was ist das Besondere an einer Spezialisierung im technischen Bereich? Welche Fallstricke gibt es?

Technik ist ein sehr weites Feld und man sollte sich nicht einbilden, in allen technischen Disziplinen professionell übersetzen zu können. Obwohl ich bei der Antwort auf die Frage nach meiner Spezialisierung ziemlich viele Fachgebiete aufgezählt habe, sind sie alle mehr oder weniger miteinander verwandt und könnten unter dem Oberbegriff Elektrotechnik zusammengefasst werden. An solche Fachgebiete wie z. B. Landmaschinen oder Nukleartechnik, die weit davon entfernt sind, würde ich mich ohne eingehende langfristige Vorbereitung nicht herantrauen. Allein schon aus dem Grund, meine Reputation nicht verlieren zu wollen. Denn gute Arbeit fällt fast niemals auf, aber sobald es etwas zu bemängeln gibt, kann sich das schnell auf die bisherigen, wenn auch immer einwandfreien Leistungen abfärben.

Eine wichtige Sache sollte man nicht außer Acht lassen. Aufgrund der zunehmenden Globalisierung und allgemeinen Unsicherheit auf den Weltmärkten entscheiden sich immer mehr Unternehmen für Diversifizierung und steigen in völlig unterschiedliche Branchen ein, um das Risiko zu minimieren. So kann es z. B. passieren, dass ein langjähriger Kunde, der bis jetzt Bremsbeläge für die Autoindustrie herstellte, plötzlich mit der Produktion von Spritzgussanlagen und Rotorblättern für Windkrafträder beginnt und seinem Fachübersetzer entsprechende Texte zur Bearbeitung schickt. Wenn man mit diesem Kunden weiterhin erfolgreich zusammenarbeiten möchte, sollte man entweder ein Team aus Übersetzern mit der jeweiligen Spezialisierung zusammenstellen, wobei das mehrere Fragen bezüglich Organisation und Projektmanagement aufwirft, oder man arbeitet sich intensiv in die neuen Themen ein. Am besten mit dem Kunden zusammen, indem man ganz viele Fragen stellt, Referenzmaterial anfordert, die Produktionsstätten und Fachmessen besucht, mit den Entwicklern und technischen Redakteuren spricht. Auf diese Weise lernt man nicht nur viel Neues, sondern profiliert sich beim Kunden als ein engagierter und lernwilliger Dienstleister.

Kann man mit einer technischen Ausbildung automatisch als technischer Übersetzer arbeiten? Was qualifiziert einen technischen Übersetzer neben dem Fachwissen?

Wer häufig mit Ingenieuren und Technikern zu tun hat, weiß nur zu gut, dass viele von ihnen keinen besonderen Wert auf Rechtschreibung legen. Von diesen Personen geschriebene Texte sind oft voll von Tippfehlern, missverständlich oder viel zu kompliziert formuliert. Die Inhalte sind entweder redundant oder lückenhaft, die Terminologie ist nicht einheitlich und ein eventuell vorhandener Redaktionsleitfaden wird nicht berücksichtigt. Das alles erschwert die Arbeit eines Übersetzers erheblich.

Als Übersetzer sind wir in erster Linie Sprachspezialisten, die nicht nur den Text verstehen, sondern ihn in einer sprachlich korrekten und für die jeweilige Zielgruppe verständlichen Form wiedergeben sollten. Neben dem für die technische Dokumentation typischen Stil – kurze Sätze, klare Ansprache usw. – achten wir auf syntaktische und typografische Nuancen, wie Kommasetzung, richtige Anführungszeichen, geschützte Leerzeichen vor Maßeinheiten u. v. m. Finden wir Rechtschreibfehler oder stilistische Inkonsistenzen, so sollten wir diese korrigieren. In der Regel ist ein Übersetzer derjenige, der sich mit einem Text am intensivsten beschäftigt, so ist es nur logisch, dass Fehler erst während der Übersetzung entdeckt werden. Besitzt man fundierte Kenntnisse in dem jeweiligen Fachgebiet, so findet man nicht selten auch Fehler in technischen Zusammenhängen bzw. Stellen, die einem nicht plausibel erscheinen. In solchen Fällen ist die Rücksprache mit dem Kunden bzw. Autor unabdingbar, damit der Ausgangstext ausgebessert werden kann und die Fehler sich nicht in weiteren Sprachversionen ausbreiten.

Insbesondere technische Übersetzer können heutzutage auf den Einsatz der CAT-Tools nicht mehr verzichten. Bereits in der Technischen Redaktion wird darauf geachtet, dass die erstellten Texte möglichst einheitlich sind und (im Idealfall) durchgehend die gleiche Terminologie verwendet wird. Zu diesem Zweck benutzen die Autoren beim Kunden diverse Redaktionssysteme und Textbausteine, die sich an vielen Stellen in der technischen Dokumentation eines Herstellers wiederholen. Um diesen Ansatz auch in den anderen Sprachversionen beizubehalten, sollten Übersetzer spezielle Übersetzungssoftware anwenden, mit einem Translation Memory sowie Terminologiedatenbanken arbeiten. Viele Agenturen, aber auch Direktkunden nutzen bereits bestimmte TM-Systeme und setzen bei ihren Fachübersetzern entsprechende Kenntnisse voraus. Aus diesem Grund ist es wichtig, flexibel zu bleiben und sich mit möglichst vielen CAT-Tools vertraut zu machen, um jeden Bedarf abdecken zu können. Das bedeutet natürlich zusätzlichen Aufwand für die Einarbeitung, aber im Endeffekt erweitert ein Übersetzer dadurch nicht nur seinen Horizont, sondern auch sein Leistungsangebot.

Welche Chancen siehst Du für technische Übersetzer in der Zukunft? Was glaubst Du, wie sich der Markt entwickeln wird?

Der aktuelle Trend geht zunehmend in die Richtung Interdisziplinarität, d. h. die Verschmelzung von Ansätzen, Denkweisen oder Methoden verschiedener Fachrichtungen. Auch in der Technik vernetzen sich die einzelnen Fachgebiete immer mehr. Es gibt kaum noch eine Maschine, die nicht an Strom- und Computernetzwerke angeschlossen, mit diversen Sensoren ausgestattet und mit Software bedient wird. Und ein modernes Auto ist heute weitaus mehr als Karosserie mit einem Motor und vier Rädern – es ist ein komplexes Gebilde aus Kfz-Technik, Elektronik, elektrischer Verkabelung, Lüftung, Klimatisierung, Infotainment, Kommunikation und sogar mobilen Apps. Ein Übersetzer, der sich auf Maschinenbau bzw. Automobilbranche spezialisieren möchte, muss unbedingt alle diese „begleitenden" Themen im Überblick behalten und sich ständig über die aktuellen Entwicklungen informieren.

Seit ein paar Jahren sind die Begriffe „Internet 4.0" und „Internet der Dinge" (Internet of Things) in aller Munde. Die sogenannte vierte industrielle Revolution wird Auswirkungen auf sämtliche Industriezweige haben. Schon heute sollten sich alle Beteiligten, zu denen auch Übersetzer gehören, auf weitreichende Änderungen in allen Bereichen einstellen, wenn sie den Anschluss an die Technologien der Zukunft nicht verpassen wollen.

In der zukünftigen intelligenten Fabrik (Smart Factory) werden alle Teilnehmer am Produktionsprozess miteinander vernetzt sein. Alle Menschen, Maschinen, Ressourcen und sogar die Produkte werden miteinander kommunizieren, um die Produktion effizienter und flexibler zu gestalten. Für die Industrie bedeutet das einen großen Wandel, denn die gesamten Strukturen müssen neu durchdacht und geändert werden. Das bringt wesentliche Umstellungen in der Technischen Kommunikation bzw. Dokumentation mit sich. Weg vom Papier und klassischen Bedienungsanleitungen – hin zu neuen digitalen Formen, interaktiven Anwendungen, Multimedia. Und da wir als Übersetzer ebenfalls ein Glied in dieser Wertschöpfungskette sind, betreffen derartige Veränderungen auch uns.

Egal ob man sich auf Maschinenbau, Luftfahrt oder Kunststoffproduktion spezialisiert hat, man wird sich mit der virtuellen Welt, digitalen Technologien und Datenkommunikation auseinandersetzen müssen, sonst bleibt man irgendwann auf der Strecke.

Wir werden täglich mit immer neuen Themen konfrontiert, die Technologien entwickeln sich weiter, es kommen neuartige Konzepte und Begriffe hinzu. Das bedeutet, man muss bei jedem Übersetzungsauftrag eine ausführliche Recherche betreiben und sich ständig weiterbilden. Dafür kann man diverse Weiterbildungsmöglichkeiten nutzen, wie z. B. Fachliteratur, Seminare und Webinare von Berufsverbänden, Messebesuche, Werksbesichtigungen, Online-Kurse und vieles mehr. Mit einer persönlichen Strategie kann jeder Übersetzer sein Portfolio kontinuierlich ausbauen, um als Experte seinen Kunden einen Mehrwert bieten zu können.

7 Nachteile der Spezialisierung – und wie wir sie in Chancen umwandeln

Sich zu spezialisieren, bedeutet in der Regel, seinen Arbeitsbereich einzugrenzen und sich von Kunden, Projekten, Arbeitsfeldern zu trennen. Es bedeutet eine Veränderung, die natürlich auch mit Gefahren behaftet ist, auf die ich bereits hingewiesen habe. Doch es gibt nicht wenige Sprachmittler, die überzeugt sind, eine Spezialisierung beinhalte zu viele Risiken und Nachteile. Einige dieser Aspekte will ich im Folgenden beleuchten und zeigen, dass vermeintliche Nachteile sich in Chancen verwandeln lassen, wenn wir sie aus der richtigen Perspektive betrachten bzw. die richtigen Maßnahmen ergreifen.

7.1 Nachteil: Spezialisierung ist riskant

Solange es eine Zielgruppe gibt, die die spezialisierte Leistung benötigt, ist Spezialisierung nicht riskant. Doch das Risiko besteht: Wer sich auf einen Bereich, ein Fachgebiet, eine Zielgruppe beschränkt, läuft Gefahr, die Grundlage seines Geschäfts zu verlieren, wenn sich die Rahmenbedingungen verändern. Der Hauptkunde meldet Insolvenz an oder ist aufgrund struktureller Veränderungen plötzlich gezwungen, Vergleichsangebote einzuholen und sich zukünftig für das kostengünstigste Angebot zu entscheiden. Eine bestimmte Technologie, die die Grundlage für die eigene Spezialisierung bildet, wird plötzlich durch ein ganz neues Verfahren ersetzt und daher nicht mehr nachgefragt. Dies sind externe Risikofaktoren, die wir nicht steuern können.

Doch wir können verhindern, dass dieses externe Risiko uns unsere Geschäftsgrundlage entzieht. Das geht aber nur, wenn wir Spezialisierung und Zielgruppe laufend überprüfen, Marktbewegungen beobachten und darauf reagieren. Finanzielle Schwierigkeiten von Unternehmen kündigen sich meist an, man liest in Presse und Medien von unruhigem Fahrwasser. Und wer sich auf ein Fachgebiet spezialisiert, z. B. auf eine bestimmte Technologie, ist ohnehin gut beraten, sich ständig auf dem Laufenden zu halten, ob technische Neuerungen und Entwicklungen anstehen. Dann ist es auch möglich, das eigene Portfolio entsprechend zu verändern, sich in anderen Bereichen/Technologien fortzubilden oder sich neue Kunden zu suchen. Nur eine starre Spezialisierung mit Scheuklappen nach rechts und links ist ein Risiko (Olga Dmitrieva beschreibt das in ihrem Interview sehr anschaulich).

So wird eine Chance daraus
Wer schneller als der Wettbewerb auf Veränderungen reagiert und Zielgruppe/Angebot anpasst, sichert nicht nur sein eigenes Geschäft, sondern generiert vielleicht sogar neues, weil andere Kollegen auf den neuen Bedarf noch nicht reagiert haben.

7.2 Nachteil: Spezialisten sind isolierte Fachidioten

Wer sich zu sehr in ein sehr kleines Fachgebiet vertieft, verliert den Kontakt zur übrigen Welt – könnte man meinen.

„Der Spezialist ist in seinem winzigen Weltwinkel vortrefflich zu Hause; aber er hat keine Ahnung von dem Rest."[35]

Dieser Einwand ist berechtigt. Die meisten von uns sind Einzelkämpfer, sitzen in der Regel im heimischen Arbeitszimmer und brüten über den Texten. Und wer sehr tief in ein Fachgebiet eintaucht, meint vielleicht, es gäbe ohnehin niemanden, mit dem man sich über sein so spezialisiertes Wissen unterhalten könnte.

Aber wie ich im Kapitel zum Marketing schon geschildert habe, ist es essenziell, die Botschaft seiner Tätigkeit und seiner Spezialisierung nach außen zu tragen und zu verbreiten. Wir müssen uns aktiv darum bemühen, den Kontakt zu Kollegen und Geschäftspartnern nicht zu verlieren. Wir müssen netzwerken und uns präsent zeigen. Als Freiberufler sind wir darauf angewiesen, den Kontakt zur übrigen Welt, also zu Kunden und Kollegen, zu halten, um

35 José Ortega y Gasset, zitiert nach: www.unmoralische.de/zitate2/Gasset.htm, abgerufen am 10.10.2016

erfolgreich zu sein. Wer im stillen Kämmerlein hockt, riskiert nicht nur, sich zu isolieren, sondern setzt auch seinen unternehmerischen Erfolg aufs Spiel.

So wird eine Chance daraus

Netzwerke, Konferenzen und Stammtische etc. sind hervorragende Möglichkeiten, um sich nicht als Fachidiot, sondern als Experte zu positionieren. Und wer durch Veröffentlichungen oder in Webinaren und anderen Weiterbildungsangeboten sein Wissen teilt, gewinnt dazu noch eine Möglichkeit, zusätzliches Einkommen zu generieren (siehe Kapitel 9.1.3).

7.3 Nachteil: Spezialisierung ist aufwendig, zeit- und kostenintensiv

Aus Kapitel 2 wissen Sie, welche Maßnahmen notwendig sind, um aus dem eigenen Angebot eine Spezialisierung zu entwickeln und die richtigen Kunden zu finden. Der Spezialisierung sollten eine umfangreiche Analyse der Ist-Situation und eine genaue Formulierung der Zielvorstellung vorausgehen, bevor man sich Gedanken darüber macht, wie man die Ist-Situation der Zielvorstellung näherbringen kann. Dieser Prozess kostet Zeit, Geld und Energie. Er ist mitunter auch unbequem, und erst einmal steht man vor einem scheinbar unüberwindbaren Berg an Arbeit und weiß nicht, wo man anfangen soll.

Da ist die Versuchung groß, lieber weiterzumachen wie bisher. Und ich hatte ja bereits darauf hingewiesen, dass man sich diesem Prozess nur stellen sollte, wenn man über die notwendigen (nicht zuletzt finanziellen) Ressourcen verfügt. Ein Sprachmittler, der aus anderen Gründen zeitlich oder auch mental stark eingespannt ist, sollte gut überlegen, ob er sich diese zusätzliche Arbeit auch noch aufbürden möchte.

Etwas leichter bezwingen lässt sich dieser Berg aber, wenn Sie ihn in kleinere Etappen aufteilen. Überlegen Sie, ob Sie wirklich sofort eine neue Website und Geschäftsausstattung benötigen, deren Design und Entwicklung sehr zeitaufwendig und teuer ist. Vielleicht reicht es für den Anfang, die Texte auf der Website anzupassen? Bei Xing, LinkedIn und Facebook geeignete Gruppen zu suchen und sich dort mit neuer Ausrichtung vorzustellen? Sich Kooperationspartner zu suchen, um gemeinsam eine neue Leistung anzubieten? So gerne Sie sich auch mit einem vollständig überarbeiteten Profil nach außen hin präsentieren möchten, sollten Sie trotzdem nicht in die Falle tappen, es perfektionistisch und bis in alle Details ausfeilen zu wollen. Sie würden nicht fertig. Darüber hinaus ergeben sich einige Aspekte vielleicht erst, wenn Sie Ihr neues Profil erproben und Feedback von Kollegen und Kunden erhalten.

Nur Mut: Das Wichtigste ist, dass Sie die Analysen Ihres Portfolios und Ihrer Zielgruppe vornehmen. Haben Sie erst einmal eine Spezialisierungsrichtung im Kopf, ergeben sich erste Ansatzpunkte, wie Sie diesem Ziel näherkommen, fast von allein.

So wird eine Chance daraus

Viele Sprachmittler wissen im Grunde, dass sie zu viele unrentable Leistungen und unrentable Kunden mit sich herumschleppen. Ein Spezialisierungsansatz kann daher schon sein, sich aktiv von solchen kräftezehrenden Kunden und Arbeitsbereichen zu trennen. Das schafft zeitliche Kapazitäten und Energie für Neues.

7.4 Nachteil: Spezialisierung bedeutet Einschränkung

Viele empfinden Spezialisierung als Verzicht. Vielleicht, weil sie sehr viele Interessensgebiete haben. Vielleicht, weil sie Angst haben, sich festzulegen,

> „weil sie an jeder Ecke und Kante bessere Chancen wittern. Oder sie fürchten, das Spezialgebiet sei nicht groß und tragfähig genug, um für genügend Umsatz zu sorgen."[36]

Aus den unter 7.1 genannten Gründen ist dies nachvollziehbar. Man soll „eine Nische finden", heißt es. Eine Nische ist klein, eng, versteckt. Nicht gerade die Adjektive, die man mit einem erfolgreichen und professionellen Unternehmen assoziiert.

---

36 Friedrich a.a.O, S. 50

Doch es lässt sich gar nicht oft genug wiederholen: Spezialisierung bedeutet Fokussierung. Fokussierung bedeutet hohe Lerngewinne. Lerngewinne bedeuten Qualität statt Quantität. Qualität bedeutet höhere Umsätze.

So wird eine Chance daraus

Es ist durchaus möglich, sich zu spezialisieren und gleichzeitig sein Unternehmen auf mehrere stabile Standbeine zu stellen. Spezialisierung bei gleichzeitiger Diversifikation ist das Stichwort, Diversifikation im Rahmen der eigenen Spezialisierung. Es gilt,

> „sich richtig zu spezialisieren und – wenn es denn sein soll – zu diversifizieren und zu expandieren, ohne dass die Spezialisierungsvorteile dabei komplett „flöten" gehen."[37]

Was Diversifikation genau bedeutet und wie sie mit Spezialisierung zusammenhängt, soll das nächste Kapitel zeigen.

37 Friedrich a.a.O, S. 15

8 Interview mit Magnús Kristinsson

Magnús Kristinsson ist Isländer und übersetzt aus dem Deutschen ins Isländische. Sein Beispiel zeigt anschaulich, wie schwierig eine Spezialisierung bei einer Exotensprache ist.

Du schreibst in Deinem Xing-Profil: „Übersetzer einer Mikrosprache wie Isländisch (ca. 330.000 Muttersprachler) müssen vielseitig sein. Mit wenigen Ausnahmen (z. B. Medizin) kommen alle Fachgebiete in Frage." Eine Spezialisierung ist also nicht möglich?

Bei einer so extrem seltenen Sprachkombination wie Deutsch-Isländisch macht eine enge Spezialisierung, wie z. B. nach Fachgebieten oder Textsorten, keinen Sinn. Bei der Auflistung meiner Fachgebiete, beispielsweise im BDÜ-Profil und auf www.icelandic.globtra.com/de, gebe ich die Fächer möglichst allgemein formuliert an. Problematisch wird es, wenn große Übersetzungsbüros ihr Portfolio um Isländisch erweitern wollen und von mir verlangen, aus einer Liste von mehreren hundert hochspezialisierten und nicht in Kategorien aufgeschlüsselten Fachgebieten höchstens 5 bis 7 auszuwählen. Manchmal lehne ich eine Zusammenarbeit ab, wenn diese Agenturen nicht bereit sind, in meinem Fall von ihren Bedingungen abzuweichen (weil es angeblich „ihr System nicht erlaubt"). Warum soll bzw. muss ich aus EDV-technischen Gründen nur ein paar mehr oder weniger eng definierte Fachgebiete angeben, wenn ich doch praktisch alle übernehmen kann (bzw. notgedrungen übernehmen muss)?

Solange ich mein Büro in Island hatte, war es für meine prospektiven isländischen Kunden selbstverständlich, dass für mich bei Übersetzungen aus dem Deutschen (weniger aus dem Englischen) praktisch alle Fachgebiete in Frage kommen. Am Anfang meiner beruflichen Laufbahn hier in Deutschland habe ich zusätzlich zu „Allgemein" in erster Linie nur die Fachgebiete angegeben, in denen ich mich durch meine Ausbildung und/oder eigene berufliche oder praktische Erfahrung wirklich gut auskannte (z. B. Erziehung, Bildung, Didaktik, Zeugnisse/Diplome, Sprachwissenschaft, Computeranwendungen, Touristik, Umwelt, Geographie und Geologie).

Es zeigte sich aber bald, dass die Aufzählung einiger Fachgebiete wenig Sinn macht. Als teilberuflicher Übersetzer hatte ich zwar bald genug Kunden, die Inhalte der zu übersetzenden Texte hatten aber mit meinen angegebenen Fachgebieten meist nicht viel gemeinsam.

Trotzdem gibt es Themen (z. B. Medizin), die Du ausschließen würdest. Lehnst Du häufig Aufträge ab?

Das kommt öfter vor, allerdings nur selten aufgrund der Themen der Texte. Die häufigsten Gründe sind, dass mir das angebotene Honorar zu niedrig oder die Lieferfrist zu knapp ist.

Du musst Dich also fast überall auskennen. Wie bildest Du Dich weiter?

Vor allem durch Nachschlagen und Recherchieren und zwar meistens bevor ich mit einer Fachübersetzung beginne, aber auch zwischendurch während des Übersetzens. Während ich früher bei der Quellensuche und Recherche immer wieder Stunden in Bibliotheken verbrachte, informiere ich mich heute überwiegend im Internet. Abgesehen von einigen Fortbildungen über die deutsche und die isländische Rechtssprache, Rechtsordnungen, Behördenterminologie, Gerichtsdolmetschen usw. habe ich keine spezifischen Fortbildungen für einzelne Fachbereiche besucht.

Ich vertrete die These, wer sich nicht spezialisiert, verbringt sehr viel Zeit mit Recherche, weil er kein vertieftes Fachwissen besitzt. Wie ist das bei Dir: Musst Du viel recherchieren?

Diese These kann ich leider nur bestätigen. Von Anfang an legte ich viel Wert auf ein übersichtlich aufgebautes Glossar und genaue Notizen. Ursprünglich hatte ich das Ganze in Karteiform, später als WordPerfect-DOS-Tabellen, dann als MS-Excel-Datenbanken und seit über zehn Jahren als TM angelegt. Diese Datenbanken sparen mir inzwischen – bei langsam größer werdendem Anteil meiner Übersetzungsaufträge – viel Zeit. Sie tragen außerdem dazu bei, dass ich die von vielen Auftraggebern gewünschte Vereinheitlichung der Terminologie besser gewährleisten kann.

Es gibt nur wenige Isländisch-Übersetzer in Deutschland. Du hast also schon durch Deine Arbeitssprache per se wenig Konkurrenz. Wirkt sich das auf die Preisgestaltung aus?

Meine Preise sind wesentlich höher als es bei den „großen Sprachen" üblich ist. Dies hat aber weniger mit der Konkurrenz als mit dem höheren zeitlichen Aufwand zu tun. Vor allem für DE–IS, aber auch für EN–IS gibt es nur sehr begrenzte Nachschlagemöglichkeiten (Isländisch wird nur von ca. 330.000 Menschen gesprochen und Deutsch ist in Island erst die dritte bzw. vierte Fremdsprache).

Welche Chancen siehst Du für Isländisch-Übersetzer in der Zukunft? Was glaubst Du, wie sich der Markt entwickeln wird?

Da möchte ich zwischen langfristigen und kurzfristigen Aussichten unterscheiden:

Langfristig: Isländisch ist leider eine der vielen Zwergsprachen, die in ihrer Existenz gefährdet sein könnten. Einer der Hauptgründe ist wohl, dass die Isländer immer mehr meinen, sich in einer verbreiteteren Sprache verständigen zu müssen. Kritische Stimmen nennen die Globalisierung und unsere Nachbarsprache Englisch als „Sündenbock".

Kurzfristig: Ich persönlich sehe hier keine direkten Gefahren. Nach meinem Gefühl wird heute um das Vielfache mehr in und aus dem Isländischen übersetzt als am Anfang meiner Karriere. Einerseits ist das wahrscheinlich eine der vielen Folgen der Globalisierung bzw. Europäisierung, andererseits wird in Island inzwischen – u. a. aus Sicherheitsgründen – mehr Wert darauf gelegt, dass z. B. Kennzeichnungen und Gebrauchsanweisungen eingeführter Waren auch in der Muttersprache mitgeliefert werden (was dem Übersetzer allerdings nicht unbedingt zu einem höheren Einkommen verhilft). Ich fürchte nicht, dass maschinelle Übersetzungen in der nächsten Zeit für uns Übersetzer der Sprachkombination IS–DE–IS eine existenzgefährdende Konkurrenz darstellen könnten. Die geringe Verbreitung der Sprache und die unwahrscheinlich komplizierte Grammatik (beispielsweise können Substantive, Adjektive, Pronomen, viele Zahlwörter etc. 10–20 verschiedene Flexionsformen haben) machen maschinelle Übersetzungstechniken weniger attraktiv als bei den „großen" Sprachen. Bei einer Webrecherche in bestimmten Themenbereichen bekommt man zwar mit jedem Jahr mehr Suchmaschinentreffer, die so aussehen als wären sie maschinell erstellt. Dies gilt vor allem für Präsentations- und Werbetexte, die so gut wie alle aus dem Englischen übersetzt sind und – meiner Einschätzung nach – überwiegend aus Asien stammen.

Welche Vor- und Nachteile bringt für Dich das Dasein als Übersetzer mit der Kombination DE-IS?

Als Vorteile sind zum einen die geringe Konkurrenz und zum anderen möglicherweise das Privileg (?) zu nennen, anders zu sein!

Neben den schon erwähnten Problemen mit Isländisch als Zielsprache sehe ich als Nachteil, dass ich es zumeist mit Kleinstaufträgen zu tun habe (2015 und bis dato 2016: Das Honorar der Hälfte meiner Aufträge ist die Mindestpauschale von 20,00 Euro). Ich vermute, dass die selten auftretende und wenig gefragte Sprachkombination ein mitwirkender Grund ist.

Da für mich kaum eine Fachspezialisierung in Frage kommt, hat es viele Jahre gedauert, bis mir meine in den vielen Fachgebieten und Textsorten angesammelten TM-Matches eine nennenswerte Zeitersparnis brachten. Die komplexen Deklinationen der isländischen Sprache haben zur Folge, dass es – vor allem mit dem Englischen aber auch mit dem Deutschen verglichen – relativ wenige TM-Wiederholungen und -Matches gibt. Eine Folge davon ist, dass eine TM-Staffelung nach der Quellsprache nicht auf die isländische Übersetzung übertragen werden kann. Scheinbare Wiederholungen und 100%-Matches sind in Wirklichkeit manchmal keine – z. B. weil Kasus, Zahl oder Geschlecht im isländischen Text von einem früheren Absatz abhängig sind. Das hat zur Folge, dass 80–99%-Matches Wort für Wort mit dem Originaltext verglichen werden müssen (beispielsweise weil ein im Quelltext ausgetauschtes Wort im Zieltext manchmal zu mehreren Textänderungen führt.)

Ebenfalls ein Nachteil ist der hohe administrative Aufwand. Verständlicherweise wollen Übersetzungsbüros möglichst viele Sprachpaare anbieten. Immer wieder melden sich mir unbekannte Agenturen mit dem Wunsch, dass ich ihnen meine persönlichen Daten (inkl. Bankdaten, Steuer- und USt-IdNr., Fachgebiete, Arbeitssprachen, von mir angebotene Dienstleistungen, Kapazitäten pro Tag, Honoraransprüche, Ausbildungsdaten, Berufserfahrung, Referenzen, Soft- und Hardwareausstattung, etc.) sende bzw. direkt in ihr System eingebe. Viele dieser Übersetzungsagenturen melden sich danach in regelmäßigen Abständen, um diese Informationen zu aktualisieren. Es ist zwar verständlich, dass gewisse Infos für Übersetzungsbüros wichtig sind, um ihren Mitarbeitern die rasche Suche nach einem geeigneten Übersetzer zu erleichtern. Aufgrund der begrenzten Nachfrage bekomme ich aber von nur einem kleinen Bruchteil dieser bei mir eingetragenen „prospektiven Kunden" ein Auftragsangebot. So sind zurzeit ca. 2100 juristische Personen auf meiner Liste der (potenziellen) Kunden. Dabei habe ich in den vergangenen zehn Jahren (2006–2015) von insgesamt 342 juristischen Kunden durchschnittlich ca. 4,6 Aufträge pro Auftraggeber bekommen. Durch die vielen „passiven Kunden" entsteht für mich als Übersetzer ein hoher Verwaltungsaufwand.

9 Spezialisierung und Diversifikation – ein Widerspruch?

„Diversifikation: Ausweitung des Leistungsprogramms auf neue Produkte und neue Märkte. Diversifikation ist Mittel der Wachstums- und Risikopolitik der Unternehmung."[38]

Nach dieser Definition steht Diversifikation im Gegensatz zu dem Ansatz der Spezialisierung, den ich bis hierher beschrieben habe. Denn gerade keine Ausweitung, sondern eine Einengung des Leistungsprogrammes und eine Fokussierung der Energien und Arbeitsleistung zugunsten der Qualität und der Honorare habe ich ja propagiert. Wenn ich also in Wirtschaftslexika lese, dass Diversifikation für Unternehmen vor allem ein Mittel für Wachstum und Risikoreduktion ist, wie kann ich glaubhaft vermitteln, dass Spezialisierung, also eine Beschränkung, der Schlüssel zum Erfolg sein soll?

Eine der umfangreichsten Betrachtungen zum Thema Diversifikation stammt von der Übersetzerin Nicole Y. Adams, die zahlreiche Aufsätze von und Interviews mit Kollegen in ihrem Buch „Diversification"[39] veröffentlicht hat. Bei der Lektüre dieses Buches wird schnell deutlich, wie unterschiedlich die Ansätze zur Diversifikation von Übersetzern sein können, und auch, wie viele Möglichkeiten der Verbreiterung des Angebotes sich Sprachmittlern bieten. Das Werk veranschaulicht aber auch, dass sich die Begriffe Diversifikation und Spezialisierung in Bezug auf Übersetzer nicht sinnvoll kontrastiv gegenüberstellen lassen. Ich würde es mir zu einfach machen, würde ich die These aufstellen: Wer sich auf ein Fachgebiet oder eine Leistung konzentriert, ist spezialisiert, wer mehrere Fachgebiete oder Leistungen anbietet, ist diversifiziert.

Die meisten von Ihnen sind schon diversifiziert, vielleicht sogar ohne es zu merken. Denn kaum einer bietet außer der reinen Übersetzungsleistung nichts anderes an. Proofreading oder Terminologiemanagement gehören auch zu Ihrem Angebot? Glückwunsch, Sie sind diversifiziert. Um Nicole Y. Adams zu zitieren:

---

38 Gabler Wirtschaftslexikon, unter http://wirtschaftslexikon.gabler.de/Definition/diversifikation.html, abgerufen am 28.12.2016

39 Adams, Nicole Y.: Diversification in the language industry: Success beyond Translation. NYA Communications 2013

„In my view, any service offered beyond pure translation is already a type of diversification."[40]

Bei der Diversifikation geht es darum, die eigene Angebotspalette sinnvoll zu erweitern, ohne jedoch wieder einen Bauchladen vor sich herzutragen. Es geht nicht darum, jeden Auftrag anzunehmen, der einem angeboten wird, sondern darum, durch Erweiterung des Portfolios den Kunden an sich zu binden, Chancen zu ergreifen, ohne die eigene Spezialisierung aus den Augen zu verlieren. Spezialisierung und Diversifikation lassen sich sinnvoll und wirtschaftlich lukrativ miteinander kombinieren, und gerade diese Kombination ist es, die der *Unternehmung Sprachmittlung* ein stabiles Fundament verleiht. Man könnte diesen Prozess vielleicht „spezialisierte Diversifikation" nennen. Um zu verstehen, was genau dahintersteckt, müssen wir uns zunächst die Diversifikation genauer ansehen.

9.1 Arten der Diversifikation

9.1.1 Linguistische Diversifikation

Es gibt verschiedene Arten der Diversifikation, am naheliegendsten ist aber eine Erweiterung der linguistischen Dienstleistungen. Darunter zählen neben dem Übersetzen:

- Proofreading
- Post-Editing
- Bearbeitung nicht-muttersprachlicher Übersetzungen
- Voice-over
- Transkription
- Terminologiearbeit (u. a. spezialisierte Glossare)

---

40 Adams a.a.O, S. 66

- Transkreation
- Texten
- Ghostwriting
- Interkulturelles Training
- sprachliche Begutachtung
- Online-Sprachtraining
- Dolmetschen

Und für Dolmetscher neben den oben genannten Leistungen:

- Konferenzdolmetschen (simultan, konsekutiv)
- Community Interpreting
- Gerichtsdolmetschen
- Video- oder Telefondolmetschen

Einige dieser Arbeiten bieten Sie vielleicht schon an. Nun können Sie überlegen, vielleicht noch weitere mit in Ihr Portfolio aufzunehmen. Aber natürlich, ohne die eigene Spezialisierung aus den Augen zu verlieren.

Beispiel
Eigentlich würden Sie gerne Literatur übersetzen, weil Ihnen der kreative Umgang mit Sprache, bei dem man sich auch mal mehr als einen Schritt vom Ausgangstext entfernen muss, liegt. Aber in der Branche sind bekanntermaßen keine besonders hohen Honorare zu machen. Aufgrund Ihres BWL-Studiums übersetzen Sie daher als Fachübersetzerin hauptsächlich Finanztexte und sind hier gut positioniert. Beide Bereiche ließen sich z. B. bei der Übersetzung von Fachbüchern zusammenbringen. Sie könnten auch Ghostwriting für BWL-Ratgeber anbieten. Oder Sie bieten Ihren Bestandskunden das Erstellen von Texten für deren Internetseiten und Unternehmenskommunikation an.

Beispiel
Wer sich auf die Tourismusbranche spezialisiert hat, dem wird vermutlich bei der Akquise häufig dem Argument begegnen, Tourismusverbände und -organisationen hätten nicht das Geld, um in eine professionelle Übersetzung investieren zu können. Im Ergebnis versuchen sich viele mehr schlecht als recht an einer eigenen Übersetzung für die Website. Warum also nicht aus der Not eine Tugend machen und diesen Menschen eine Überarbeitung der nicht muttersprachlichen Übersetzung anbieten? Das ist in der Regel kostengünstiger zu realisieren als eine reine Übersetzung, und der Kunde ist vielleicht eher zu dieser

Investition bereit. Vielleicht ergibt sich darüber hinaus noch die Möglichkeit, bei Gelegenheit ein Sprachtraining anzubieten?

Sie sehen schon anhand dieser zwei Beispiele, dass eine Diversifikation häufig sogar naheliegt. Und dafür müssen Sie gar nicht unbedingt neue Akquisepfade betreten. Sehen Sie sich zunächst bei Ihren Kunden um. Welche Leistungen außer den Übersetzungen benötigen diese sonst noch? Zögern Sie nicht, Kunden, zu denen Sie ein gutes Vertrauensverhältnis haben, ganz gezielt danach zu fragen, ob Sie noch etwas anderes für sie tun können. Nicht immer ergibt sich daraus tatsächlich ein neuer Auftrag oder ein neues Arbeitsfeld, manchmal helfen Sie vielleicht einfach mit einer Empfehlung für einen anderen Dienstleister weiter. Aber so bekommen Sie ein Gespür dafür, in welchen Bereichen sich möglicherweise noch Potenzial für weiteres Geschäft versteckt.

Beispiel

Ich arbeite für die Baubranche. Dabei beschränke ich mein Angebot aber nicht auf die reine Übersetzung. Ich schreibe Fachartikel für Bauunternehmen, ich lektoriere (deutsche) Kunden- und Mitarbeiterzeitungen für Baukonzerne. So bleibe ich im Rahmen meiner Spezialisierung, bin aber trotzdem breit aufgestellt, um auf die unterschiedlichsten Kundenbedürfnisse eingehen zu können. Und häufig ergibt sich bei einem Kunden, der vielleicht zunächst nur ein Lektorat haben wollte, vielleicht später auch ein Übersetzungsauftrag. Meine Spezialisierung schränkt mich hierbei nicht ein, sondern hilft mir zum einen, die richtige Kundenzielgruppe anzusprechen, zum anderen qualifiziert sie mich und hebt mich (z. B. im Falle des Lektorats) von anderen Dienstleistern ab, die sich nicht auf die Baubranche spezialisiert haben.

Nicht selten treten die Kunden auch von sich aus mit Anfragen zu neuen Leistungen an Sie heran. Vor allem Agenturen versuchen immer wieder, bei Übersetzern, mit denen sie zufrieden sind, Projekte unterzubringen, die eigentlich nicht in deren Portfolio passen. Ein Beispiel ist die Korrektur und Überarbeitung maschineller Übersetzungen, das sogenannte Post-Editing. Es ist eine Leistung, die bei vielen Kollegen in Verruf geraten ist, weil Übersetzungsagenturen versuchen, die Kosten für Übersetzungen zu senken, indem sie schlechte maschinelle Übersetzungen anfertigen und diese dann zu reduzierten Wortpreisen von Übersetzern in korrekte Formulierungen umwandeln lassen. Dabei hat Post-Editing meiner Meinung nach zu Unrecht einen so schlechten Ruf, mehr noch: Wir werden uns daran gewöhnen müssen, dass diese Art der Übersetzung immer häufiger eingesetzt wird.

Tatsächlich macht die Flut der durch die zunehmende Digitalisierung unseres Lebens entstehenden Inhalte diese Entwicklung notwendig. Wir Übersetzer sind kapazitätsmäßig schlicht nicht in der Lage, alles zu übersetzen, was zu übersetzen ist.

"There aren't enough linguists in the world to fulfil all the requirements for translation, which in turn drives the need for technology and automation. Freelance translators often mistakenly fear that technology takes work away from them. Technology takes away the boring, repetitive, transactional, low-value jobs, which no-one enjoys anyway."[41]

Maschinelle Übersetzung nimmt uns Übersetzern keine Arbeit weg. Sie nimmt uns Arbeit ab. Denn bei allen Schwächen, die maschinelle Übersetzung immer noch hat (und darüber sind wir uns einig: die Kreativität, die ein menschlicher Übersetzer in seine Arbeit einbringt, wird ihm die Maschine so schnell nicht nachmachen), gibt es doch genügend Texte, die sich problemlos maschinell übersetzen lassen. Und das sind dann auch meist Texte, auf die wir Übersetzer ohnehin keine Lust haben.

9.1.2 Nicht-linguistische Diversifikation

Neben den sprachlichen Leistungen gibt es auch eine ganze Reihe von Arbeiten, die wir ohnehin als freiberufliche Übersetzer mehr oder weniger tagtäglich machen. Dazu zählen z. B. Projektmanagement oder Social-Media-Aktivitäten wie Blogbeiträge und Postings in der Zielsprache. Eine Übersetzerin, die sich in diesem Bereich schon mit Übersetzungen positioniert hat, kann nach entsprechenden Briefings vielleicht die Social-Media-Arbeit auch direkt übernehmen. Und vielleicht spart der Kunde dadurch sogar einen Dienstleister ein.

Ganz naheliegend ist die technische Diversifikation. In unserem Bereich kommen wir um die Verwendung bestimmter Software nicht mehr herum. CAT-Tools dienen längst nicht mehr nur dazu, unsere Arbeit effizienter zu machen. Viele Kunden, darunter mehrheitlich Agenturen, schreiben die Verwendung eines solchen Tools vor. Das Dilemma (das für manche wiederum eine Chance sein kann:) Es gibt zahlreiche verschiedene Programme, und jede Agentur verwendet ein anderes. Hier bietet sich wieder die Möglichkeit, sich

41 Colliander Lind, Anne-Marie: Industry Trends and Consequences for Translators, in: Adams, Nicole Y.: Diversification in the language industry: Success beyond Translation. NYA Communications 2013, S. 23

von anderen Übersetzern abzuheben. Wem die Einarbeitung in Software einigermaßen liegt, der verschafft sich einen Vorteil, wenn er sich neben seinem bevorzugten Tool auch noch andere Werkzeuge beschafft und zumindest Grundkenntnisse für die Anwendung aneignet. Und nicht immer ist das zwangsläufig mit hohen Investitionen für Software verbunden: Viele Software-Hersteller bieten entweder kostenlose oder preisgünstige Versionen für Freelancer an, oder eine projektbezogene Lizensierung ist möglich, die dann der Auftraggeber zur Verfügung stellt.

9.1.3 Passive Diversifikation

Freiberufliche Übersetzer und Dolmetscher erbringen eine Dienstleistung, für die sie ihre Arbeitszeit aufwenden müssen. Mit anderen Worten: Wenn sie nicht arbeiten, erbringen sie keine Leistung und verdienen kein Geld. Nicht umsonst fahren viele Kollegen selten in den Urlaub oder erlauben sich im Prinzip keine Krankheitstage, die sie um produktive und damit fakturierbare Stunden bringen. Häufig sind es diese Momente, in denen wir uns nach einer Festanstellung mit bezahltem Urlaub und Lohnfortzahlung im Krankheitsfall sehnen. Wie schön wäre es, ein Einkommen zu haben, auch wenn wir nicht am Schreibtisch sitzen?

Passive Diversifikation ist hier die Lösung. Es geht darum, nicht mehr nur Dienstleistungen, sondern auch Produkte zu verkaufen. Nicole Y. Adams spricht von

"productization, that is, turning your service or expertise into a product clients can buy without consuming your time."[42]

Solche Produkte könnten sein:

- Publikationen (eBooks, Fachbücher, Artikel und Beiträge)
- Verkauf von Anzeigen im eigenen Blog oder auf der eigenen Website

42 Adams a.a.O., S. 223

- Entwicklung von Onlinekursen, die in Aufzeichnungen verkauft werden
- bezahlte Fachvorträge
- ...

Der Vorteil liegt auf der Hand: Wir investieren einmal Zeit (und ggf. Geld) in die Entwicklung/Erstellung des Produktes, das Einkommen aber fließt regelmäßig durch die Verkäufe. Das ständige Auf und Ab, das wir in dieser Branche so häufig erleben, lässt sich so ein wenig ausgleichen. Vorausgesetzt, Ihr Produkt verkauft sich auch. Und damit es das tut, sind drei Dinge zu berücksichtigen:

1. Entwickeln Sie ein Produkt, das jemand auch wirklich benötigt oder haben möchte.

   Es reicht leider nicht, dass Sie von Ihrer Idee überzeugt sind. Sie müssen Kunden finden, die Ihnen Ihr Produkt abkaufen. (Denken Sie noch einmal an die Zielgruppenanalyse aus Kapitel 3.2).

2. Entwickeln Sie geeignete Marketingmaßnahmen.

   Hier gilt das gleiche wie für die Vermarktung Ihrer Dienstleistung bzw. Spezialisierung: Spread the word! Machen Sie Ihr Produkt bekannt, überlegen Sie sich, über welche Kanäle es sich am besten verkaufen ließe. Gibt es Online-Verkaufsplattformen dafür? Möchten Sie vielleicht einen eigenen Shop in Ihre Website integrieren? Wer könnte ein Multiplikator sein?

3. Denken Sie an Ihre Glaubwürdigkeit

   Der Verkauf eines Produktes wie z. B. eines eBooks oder eines Onlinekurses dient nicht nur dazu, Umsätze zu generieren. Im günstigsten Fall hilft er Ihnen auch, Sie bei Ihrer Positionierung zu unterstützen, weil Sie damit nicht nur Ihre Fachkompetenz, sondern auch sogenannte Soft Skills wie Geschäftstüchtigkeit, Professionalität, Kommunikationsfähigkeiten etc. demonstrieren können. Das bedeutet aber auch, dass Sie sich davor hüten sollten, auf Biegen und Brechen ein Produkt zu entwickeln, das sich zwar monetär lohnt, sich auf Ihre Reputation oder Ihre Positionierung unter Umständen aber ungünstig auswirken könnte.

9.1.4 Externe Diversifikation

Es ist wohl der weltweiten Vernetzung geschuldet, dass der Beruf des Übersetzers oder Dolmetschers mit all seinen Anforderungen, Vor- und Nachteilen kein Mysterium mehr ist. Freiberufliche Sprachmittler tauschen sich online aus über ihre Probleme, Wünsche, Bedürfnisse, Erfahrungen. Wer diese Bedürfnisse kennt, kann versuchen, hierfür Lösungen anzubieten und zu vermarkten.

Externe Diversifikation bezeichnet also Angebote, die mit dem Übersetzen und Dolmetschen im engeren Sinne nicht unbedingt etwas zu tun haben, aber doch aus dieser Branche entstanden sind. Es gibt Webdesigner, die sich auf Internetauftritte für Sprachmittler spezialisiert haben. Man kann aus zahlreichen Coaching-Angeboten speziell für Übersetzer oder Dolmetscher (online und offline) wählen. Business-Training, Beratung zu CAT-Tools, Projektmanagement für Übersetzer usw. – die Liste ließe sich lange weiterführen. All diesen Angeboten gemeinsam ist, dass ihre Zielgruppe die Übersetzer und Dolmetscher sind. Nicht selten entstehen die Ideen für solche Leistungen im Austausch zwischen Übersetzern:

„Ich habe einfach keine Ahnung von Zahlen und Buchhaltung. Und wenn das Finanzamt schreibt, bekomme ich Herzrasen", sagt die eine Übersetzerin. Und schon hat die andere Übersetzerin, die seit einigen Jahren intensive Projektüberwachung und finanzielles Controlling betreibt, eine Idee. Weiterbildungen im Bereich BWL gibt es viele. Aber konkret auf Übersetzer und Dolmetscher ausgerichtet und damit sehr praxisbezogen ist kaum ein Angebot. Wie wäre es, hierfür einen Workshop zu entwickeln?

Prüfen Sie doch einmal, ob es Bereiche bei Ihrer Arbeit gibt, in denen Sie sich besonders gut auskennen und die anderen Übersetzern und Dolmetschern nützlich sein könnten. Vielleicht bietet sich die Möglichkeit für eine Erweiterung des Portfolios?

Übrigens: Produkte und Leistungen aus passiver und externer Diversifikation helfen Ihnen vielleicht nicht direkt bei der Positionierung als spezialisierter Übersetzer z. B. für Medizintechnik, zeigen aber doch Ihre Auseinandersetzung mit der Branche, Ihre Professionalität, Ihr unternehmerisches Talent etc. und widersprechen daher keineswegs einer engen Spezialisierung.

9.2 Vorteile der Diversifikation

Häufig erfolgt eine Diversifikation im Profil eines Übersetzers oder Dolmetschers ganz automatisch und nicht selten unbewusst. Aus der Summe der Erfahrungen, die er bei seiner täglichen Arbeit und im täglichen Umgang mit seinen Kunden macht, lernt er die Bedürfnisse der Zielgruppe besser kennen und kann sein Angebot darauf abstimmen. Dies geschieht oft bewusst, nicht selten aber auch „aus Versehen", weil ein Kunde z. B. eine neue Dienstleistung anfragt. „Können Sie für die Texte der anderen Übersetzer, die am Projekt beteiligt waren, eine Qualitätsprüfung durchführen und sie vereinheitlichen?", fragt eine Agentur an. Der Übersetzer stimmt zu und bietet beim nächsten Großprojekt das Qualitätsmanagement gleich mit an.

„Ganz besonders Wissensunternehmer – also diejenigen, die vom Verkauf ihres Knowhows leben und deren größtes Kapital zwischen den Ohren der Mitarbeiter liegt – sind prädestiniert dazu, über ihre Anfangsspezialisierung hinaus in immer bessere und tiefere Problemlösungen zu diversifizieren."[43]

Hören Sie also gut zu und versuchen Sie, die Bedürfnisse Ihrer Kunden besser zu verstehen. Lassen sich daraus weitere Leistungen entwickeln, die Sie dem Kunden anbieten können? Lassen sich die Probleme der Kunden vielleicht sogar auf die gesamte Branche oder Zielgruppe übertragen?

Diversifikation ist Teil unserer täglichen Arbeit und notwendig, um dem Wandel der Übersetzungsbranche Rechnung zu tragen. Seit Jahren ist unsere Branche Veränderungen ausgesetzt, die nicht zuletzt der Entwicklung neuer Technologien geschuldet sind. Der Einsatz technischer Hilfsmittel ist längst Alltag und Notwendigkeit, und bevor es maschinelle Übersetzung gab, wurde Post-Editing nicht gebraucht. Heute bieten diese Entwicklungen Optionen für Diversifikation.

Streben wir eine Diversifikation im Rahmen unserer Spezialisierung an (eine spezialisierte Diversifikation), sind uns damit natürlich Grenzen gesetzt. Diese bedeuten jedoch keine Einschränkung, sondern geben eine Richtung vor. Dem Kunden helfen sie wiederum bei der Orientierung in einem undurchsich-

43 Friedrich a.a.O., S. 198

tigen Markt an Dienstleistern, und uns unterstützen sie dabei, die Kundenzielgruppe einzugrenzen, bewährte Marketingkanäle zu nutzen und neue Geschäftsbereiche erfolgreich zu etablieren.

9.2.1 Vorteil 1: Risiko-Reduktion

Wir diversifizieren uns also, um mit den Veränderungen der Übersetzungsbranche Schritt zu halten. Das ist kein Alleinstellungsmerkmal für diese Branche. Jedes Unternehmen in jeder Branche muss – will es langfristig erfolgreich sein – auf dem Laufenden bleiben, Trends und Technologien beobachten. Was passiert, wenn die Augen vor der Realität und den modernen technischen Entwicklungen verschlossen werden, sehen wir im Buchhandel. Wir beklagen die Schließung hunderter kleiner Buchläden, loben die tolle persönliche Beratung. Doch Hand aufs Herz: Wer kauft wirklich tapfer jedes Buch im Buchladen um die Ecke, beim Einzelkämpfer und nicht bei der Kette? Amazon und Co. können zwar keine vergleichbare Beratung bieten, machen dies aber durch ein extrem großes Angebot und exzellenten Service wie sehr schnelle Lieferungen wett, darüber hinaus tragen sie neuen technologischen Entwicklungen Rechnung mit eigenen eBook-Readern, Online-Bibliotheken, Hörbuchplattformen etc. Der Buchhandel hat versäumt, dem etwas entgegenzusetzen, kreativ zu sein, neue Vertriebswege und Produkte zu finden, kurz: sich zu diversifizieren. Und bekommt die Quittung dafür. Buchhändler schließen, weil sie das Unternehmen nicht mehr wirtschaftlich weiterführen können, nur Filialisten mit einem uniformierten Bestand können noch bestehen.

Was hier für eine ganze Branche gilt, lässt sich auch auf einzelne Unternehmen und auch auf Freiberufler übertragen. Eine Marktbeobachtung und ggf. Anpassung des Angebots ist wichtig, überlebenswichtig.

"Diversification: A risk-reduction strategy that involves adding product, services, location, customers and markets to your company's portfolio."[44]

Es geht also um Risikoreduzierung. Ziel einer Diversifikation ist es, das Unternehmensrisiko zu minimieren, in dem man dem Markt folgt und – trotz der

44 Entrepreneur's Small Business Encyclopedia, abgerufen unter www.entrepreneur.com/encyclopedia/diversification am 24.10.2016

Spezialisierung – sein Angebot so aufstellt, dass der Wegfall eines Bereichs/Fachgebiets/einer Zielgruppe sich nicht (oder wenigstens nicht kritisch) auswirkt. Hat ein Kunde plötzlich nicht mehr die finanziellen Mittel, Ihre Dienstleistung zu bezahlen, und muss daher (ungeachtet der Qualität) auf einen Billigheimer zurückgreifen oder auf Übersetzungen ganz verzichten, kann Sie das in Schwierigkeiten bringen. Macht eine neue technische Erfindung Ihr Spezialwissen überflüssig, fehlt Ihnen plötzlich der Markt für die Spezialisierung. Gut, wenn Sie dann noch etwas in Reserve haben.

Ich möchte nochmal ausdrücklich betonen, dass es hierbei nicht darum geht, entgegen dem zuvor Geschriebenen einen Bauchladen voller Dienstleistungen zu entwickeln, um sich möglichst breit aufzustellen. Welche Möglichkeiten es gibt, diversifiziert und dabei fokussiert positioniert zu sein, habe ich an einigen Beispielen im vorangegangen Kapitel erläutert.

9.2.2 Vorteil 2: Zeitgewinn und Image-Transfer

Sie können davon ausgehen, dass die Etablierung eines neuen Geschäftsbereiches in Ihrem Portfolio erheblich schneller vonstattengehen wird als der Start in die Freiberuflichkeit als Übersetzer oder Dolmetscher. Erinnern Sie sich noch an die Anfänge? Wie mühsam es war, Kunden auf sich aufmerksam zu machen, Kollegen kennenzulernen, die Website aufzubauen?

Wenn Sie sich heute diversifizieren und neue Angebote entwickeln, können Sie dabei auf die Erfahrungen aus eben jener Anfangszeit zurückgreifen. Sie werden Fehler vermeiden, die Sie damals gemacht haben – und bei einigen Dingen (wie z. B. Ihrer Website) müssen Sie ja nicht von vorne anfangen, sondern können auf Vorhandenes zurückgreifen und es ggf. anpassen.

Aber wenn Sie bereits mit einer Spezialisierung erfolgreich am Markt positioniert sind, wird auch die Vermarktung Ihrer Diversifikation besser gelingen, prophezeie ich. Das liegt am sogenannten Imagetransfer.

„Imagetransfer bezeichnet in der Werbepsychologie die Übertragung von Imagebestandteilen von einem Imageträger (Produkt, Marke, Person o. Ä.) auf einen anderen."[45]

Für uns Sprachmittler bedeutet das: Haben wir in einem Bereich bereits Professionalität und Fachkunde gezeigt, gehen Kunden davon aus, dass wir diese Professionalität und Fachkunde auch im neuen Bereich zeigen werden, kurz: Sind wir erwiesenermaßen kompetent in der einen Sache, traut man uns das auch in anderen Dingen zu.

Trotz aller Möglichkeiten der heutigen Zeit, medial auf sich und sein Portfolio aufmerksam zu machen und für sich zu werben, bleibt die erfolgreichste Strategie doch immer noch das Empfehlungsmarketing. Die Zahlung der Mitgliederbefragung durch Prof. Hommerich aus dem Jahr 2016 zeigen deutlich, dass die Mehrheit der teilnehmenden BDÜ-Mitglieder (64 %) die persönliche Empfehlung durch einen Kollegen oder eine Kollegin als erfolgreichsten Weg ansieht, neue Aufträge zu generieren.[46] Und die Weiterempfehlung klappt – auch in einem Bereich, in dem wir uns diversifizieren – naturgemäß besser, wenn wir ein professionelles und kompetentes Image haben.

9.2.3 Vorteil 3: Freude am Übersetzen und Förderung der Kreativität

Aber Risiko-Reduktion und Image-Transfer sind nicht die einzigen Gründe für Diversifikation. Es geht auch um Spaß und Freude an der Arbeit.

Diversifikation bewahrt uns vor Alltagstrott und Langeweile. Wer ewig die gleichen Texte übersetzt, wird – auch wenn er ursprünglich noch so begeistert von dem Thema war – irgendwann unzufrieden, wenn nichts Neues mehr kommt. Er käme sich wohl wie ein Fließbandarbeiter vor. Fehlen anregende Reize wie Abwechslung, führt das nicht selten zu Leistungsschwankungen und einer Reduzierung der Leistungsfähigkeit. Nicht selten sind monotone Tätigkeiten die Ursachen für arbeitsbedingte Erkrankungen wie z. B. das Burn-out-Syndrom.

---

45 https://de.wikipedia.org/wiki/Imagetransfer, abgerufen am 02.08.2016

46 Hommerich/Reiß a.a.O., S. 40

"Variation is healthy! Freelancers, and among them language services providers, are typically considered to be a high-risk group for developing work-related health problems like burnout syndrome due to a wide range of factors, including financial insecurity and job dissatisfaction as a result of monotony. Here, too, diversification may be a valuable strategy, both because it can be used as a means to achieve a smoother revenue stram, and because the added variety works wonders against job fatigue."[47]

Als Sprachmittler brauchen wir Abwechslung. Wir müssen uns mit neuen Dingen beschäftigen, weil sie uns herausfordern, den Horizont erweitern, die Kreativität fördern. Und das wirkt sich nicht nur auf die Einstellung zur eigenen Arbeit aus, sondern auch auf die Qualität und damit letztlich auf den wirtschaftlichen Erfolg.

9.2.4 Vorteil 4: Neue Wege ausprobieren

Das knüpft nahtlos an den vierten Grund für eine Diversifizierung an: die Möglichkeit, Dinge auszuprobieren, ohne gleich 100 Prozent seiner Ressourcen (Arbeitskraft, Investitionen etc.) darauf zu verwenden. Sie wollten immer schon versuchen, als Sprachdozent zu arbeiten? Probieren Sie es aus. Niemand zwingt Sie, dafür Ihre Übersetzertätigkeit an den Nagel zu hängen. Und niemand zwingt Sie, Ihre Arbeitszeit und Energien 50:50 aufzuteilen. Wenn Sie feststellen, dass Sprachunterricht nichts für Sie ist, lassen Sie es wieder sein. Wenn Sie feststellen, dass es Ihnen viel mehr Spaß macht und zudem vielleicht noch lukrativ ist, reduzieren Sie vielleicht die Übersetzungen. Vergessen Sie nicht: Sie sind Freiberufler. Sie sind frei, solche Entscheidungen zu fällen und diese auch wieder zu überdenken und rückgängig zu machen.

Nicht immer geht dem Diversifikationsprozess eine bewusste Entscheidung voraus. Häufig entsteht sie eher zufällig, wenn man sich bietende Gelegenheiten ergreift, auf Kundenanfragen reagiert und feststellt, dass das, was man gerade ausprobiert hat, einem auch liegt.

---

47 Kastenhuber, Karolina: Transcription, in: Adams, Nicole Y.: Diversification in the language industry: Success beyond Translation. NYA Communications 2013, S. 106 f.

10 Interview mit Caroline Elias

„Übersetzen ist Handwerk, Dolmetschen ist Mundwerk", sagt die Dolmetscherin Caroline Elias über ihre Arbeit. Nach einem Studium in Paris und Volontariat in Frankreich und Deutschland war sie einige Jahre als Journalistin, dann als Marketingreferentin in der Filmbranche und als Hochschuldozentin tätig. Seit 2005 arbeitet sie hauptberuflich als Dolmetscherin oder, wie sie es selbst nennt, als „Spracharbeiterin zwischen Kultur, Politik und Wirtschaft".

Kannst Du beschreiben, was Du machst und in welchen Bereichen Du tätig bist? Wer sind Deine Kunden?

Als Dolmetscherin arbeite ich für die Politik, in den Bereichen Wirtschaft (Forschung, Planung, Durchführung) und Soziales, für Kunden aus den Bereichen Kunst, Kultur und Medien sowie für Privatleute. Das reicht dann von Bauherrenbesprechungen, Dreharbeiten oder der Suche nach einem von den Nazis gestohlenen Gemälde über wissenschaftliche Konferenzen, Delegationsreisen und Hintergrundgesprächen zur Bildung von Kindern aus der Migration bis hin zu höchst konkreten Dingen, einem Tag bei einer Behörde oder eine Nacht draußen mit Streetworkern aus zwei Ländern. Mein Übersetzerleben ist überschaubarer. Ich übersetze Drehbücher, Zeitungs- und Fachartikel, manchmal auch Lyrik und Webseiten.

Dass ich als Dolmetscherin derzeit mehr für die Livemedien arbeite, liegt auch daran, dass ich im ersten Beruf Journalistin war. Ich habe eine Sprechausbildung genossen und weiß, wie die Sender arbeiten.

Bist Du mehr als Dolmetscherin oder mehr als Übersetzerin tätig?

Ich verbringe mehr Zeit mit dem Übersetzen und mache mehr Umsatz mit dem Dolmetschen. Ganz ehrlich: Das Dolmetschen könnte wieder mehr sein.

Hier macht sich gerade ein nicht so schöner Trend bemerkbar: das Englisch-Missverständnis. Immer mehr Veranstalter gehen davon aus, dass alle prima Englisch können. Auf Konferenzen wird immer öfter die Deutsch-Kabine eingespart, französische Politiker werden fürs deutsche TV auf Englisch interviewt, der eherne Grundsatz „jeder in seiner Sprache" mal eben über Bord geworfen. Problematisch kann es dann werden, wenn auf Festivals die Publikumsgespräche verflachen, weil wir es bei Moderatoren und Interviewten mit einer doppelten Fremdsprachigkeit zu tun bekommen. In dieser Situation habe ich exzellente Gespräche gehört, aber meistens kämpft irgendjemand im Saal, und wenn es nur ein Teil des Publikums ist. Die Veranstalter müssten da genauer hinhören, wie groß z. B. der Anteil der inhaltlichen Rückfragen aus dem Zuschauerraum ist. Der Gesprächsanteil über die kreativen Aspekte kommt mir immer öfter zu kurz, die Unruhe im Saal nimmt zu, es herrscht nicht selten ein ständiges Kommen und Gehen. Auch die Macher kleiner Festivals bleiben kaum noch im Saal. Früher habe ich in ihren Katalogen oft halbe Transkriptionen von Publikumsgesprächen, auf Neudeutsch *QnA*, gefunden. Die Zeiten sind vorbei. Konsequenterweise hat die Berlinale jetzt auch noch die Kataloge abgeschafft. Die Frage müsste gestellt werden, was und wie viel zur Kulturvermittlung nötig ist. Die Schüler aus der Migration, die ich wiederholt auf die Berlinale mitschleppen konnte, kriege ich jedenfalls leider nur noch in Ausnahmefällen hin.

Als Dolmetscherin habe ich in dem Zusammenhang übrigens einen undankbaren Platz. Auf unsereinen hört niemand, wir sind ja bloß die Dolmetscher. Das ist manchmal alles andere als leichtverdaulich.

Doch mit der mir eigenen Zuversicht mache ich weiter. Ganz gleich, ob ich als Dolmetscherin oder als Übersetzerin tätig bin, bedeutet es einigen Aufwand, mich auch in meinen Arbeitsgebieten *à jour* zu halten, die vielleicht gerade nicht gefragt sind. Daher habe ich hier meine Grundneugierde in starke Routinen umgebaut, die mich tragen. Zeitung- und Bücherlesen, das Anschauen von Wohn- und Bausendungen, das Verfolgen der französischen Hochschulkanäle, bei denen spannende Vorlesungsreihen laufen, sich auch extern und unter Menschen weiterbilden, dabei nicht nur neue Redewendungen aufschnappen, sondern Fachbegriffe und Entwicklungen aufschreiben und das Wissen dann systematisch ablegen, bereit, als Vorbereitung für den nächsten Einsatz wiederverwendet zu werden – das alles macht mir Spaß und sorgt für eine Vertiefung meiner Spezialisierung. Ich habe das in meinen Arbeitsalltag integriert.

Hand aufs Herz: Was macht mehr Spaß?

Jetzt fühle ich mich wie die Mutter von zwei Kindern. Die fragt allerdings niemand, welches sie am liebsten hat. Ich liebe also jedes am meisten. Ich kann an mir allerdings beobachten, dass für mich beim Dolmetschen die Zeit schneller vergeht. Beim Übersetzen verrinnt sie manchmal sehr langsam. Dafür kann ich in der Übersetzerstube nach meinem eigenen Rhythmus arbeiten, oft wenigstens. Das eine ist für mich ohne das andere nicht denkbar, auch der gründlichen Wortarbeit beim Übersetzen wegen.

Die Franzosen nennen das *se ressourcer*, was sich etwa mit „an die Quelle gehen" übertragen lässt. Beim Dolmetschen hilft indes *to be on the spur of the moment* weiter, die Eingebung, als falsche Übersetzung „hilft das Moment, die Situation uns auf die Spur zum richtigen Wort".

Du bist viel für Film und Fernsehen tätig. Auf Deiner Website sagst Du: „Ich spreche Deutsch, Französisch und Film." Was ist das Besondere an dieser Branche?

Die Filmbranche ist alles andere als glanzvoll, das sei allen vorab gesagt, die jetzt einen kurzen Moment neidisch sind. Der Neid vergeht einem schnell.

Die Branche folgt ihren eigenen Gesetzen. Am Set wird die Hauptzeit mit Warten verbracht, plötzlich muss alles ganz schnell funktionieren, müssen alle von jetzt auf gleich Höchstleistungen bringen, muss alles sitzen. Eine Dolmetscherin, die dabei sichtbar wird, die zögert, die sich x-mal korrigiert, hat ihren Job nicht gut gemacht. Und ich muss ständig antizipieren und die Darsteller bei Laune halten. Auch das Wetter behalte ich im Auge. Aufgrund eines Sommergewitters fanden sich einmal zwei Hauptdarsteller zwei Stunden nach dem allerersten Kennenlernen bei einer Liebeszene wieder, denn die konnte drinnen gedreht werden. Wie gut, dass ich in den Stunden davor das Kennenlernen sprachlich begleitet habe.

Auch beim Übersetzen von Drehbüchern ist der schnelle Wechsel entscheidend. Ich übersetze oft sogenannte *Selling Scripts*, also das Buch, das Koproduktionspartner und damit Geld einbringen soll. Die Beschreibungen von Orten und Stimmungen müssen poetisch sein, die Regieanweisungen pragmatisch und die Dialoge müssen fast schon hörbar daherkommen. „Mit den Ohren schreiben", war der Slogan, den ich als erstes als Journalistenschülerin beim Radio gelernt habe. Da ich die schnellen Wechsel mag, bin ich hier richtig.

Die wichtigste Eigengesetzlichkeit, die ich ansonsten derzeit beobachten muss, gefällt mir gar nicht: Alles muss immerzu billiger werden, und allzu viele Köche verderben den Brei. Die Aufsplittung der Filmfinanzierung in dutzendfache föderale Filmförderungseinheitchen bringt vielen Menschen viel Macht. Diese kleinen Duodezfürstentümer, die übrigens sehr teuer im Unterhalt sind, werden nicht immer von Menschen regiert, die anderswo in der Branche ihre Brötchen würden verdienen können. Sie bleiben oft ein Leben lang auf Entscheiderseite, werden zu „Filmbeamten", was in Frankreich deutlich seltener der Fall ist. Das tut dem deutschen Kino nicht gut. Und die Sender investieren auch nur einen immer kleiner werdenden Anteil ins Programm.

Die Kreativen arbeiten aber trotzdem weiter, oft ohne Geld, ein paralleles System entsteht. Die Brosamen, die dort zu verdienen sind, machen nicht satt. Neulich bekam ich für eine Filmskriptübersetzung, die 3.100 Euro wert gewesen wäre, ganze 100 Euro angeboten. Da landen wir dann bei zwei Euro die Stunde. Wie gehe ich damit um? Wenn ein kommerzielles Projekt dahinter steht, kriegen die von mir was zu hören. Ansonsten erlaube ich mir den Luxus, hier und da tolle Projekte zu fördern, zum Teil auch ohne Bezahlung, nicht aber ohne Rückstellungsvertrag, also einer Bezahlung im Erfolgsfall. Hier treffen sich die Inspirierten und Begeisterten. Wir überlegen parallel alle, wie in der Zukunft in der Branche das Geld verdient werden kann.

Einen ähnlich dramatischen Preisverfall im etablierten Markt musste ich übrigens in den 1990er Jahren schon beim Erstellen von Untertiteln beobachten. Leider nimmt das Publikum auch noch die schlechteste Untertitelung ohne Murren hin. Dabei wäre jede Kritik ein Anlass zum Weiterlernen, und die Branche wird nicht nachsteuern, solange sie damit durchkommt. Auch wir Spracharbeiter erhalten aus der Branche selten Feedback, weder im Schlechten noch im Guten. Ich muss mich also eigenständig um meine Entwicklung und das Qualitätsmanagement kümmern. Die Branche kommt mir oft vor wie ein großes schwarzes Loch.

Dabei sind „Kunst und Medien", Untersuchungen zufolge, ein beliebtes Arbeitsfeld. Wie erklärst Du diesen Widerspruch?

Die Menge macht's. Immer mehr Sender und Netzanbieter schieben immer mehr Projekte an. Viele Sprachkollegen probieren sich hier aus und hoffen auf steigende Honorare. Dem stehen jedoch Kürzungswellen entgegen. In der Kulturwirtschaft erleben wir, dass nicht Übertragbares trotzdem übertragen wird. Nach der Hollywoodlogik werden 100 Stoffe entwickelt, zehn gedreht und ein Film spielt das Geld für alle wieder ein. Wir haben hier nicht die Zuschauermillionen von Hollywood, trotzdem müssen Produzenten häufig Verluste in Kauf nehmen, weil deutsche Filmbeamte es von ihnen verlangen. Und wir sollen zu Freundschaftspreisen eingekauft werden. Aber ich kann weder mit einer Firma noch mit einer Institution befreundet sein.

Aber Du hast doch auch Freunde in der Szene, wirst empfohlen, nutzt Empfehlungsmarketing.

Ja, aber einmal hatte ich prompt Unglück im Glück. So dumm, wie's mir ergangen ist, fällt's keinem Drehbuchautor ein: Mich hat ein Herr Wichtig als „Edelfeder" gepriesen, der wenig später wegen Korruption geschasst wurde!

Und negative Kritik kommt nur, wenn sie dich rausdrängen wollen, da war plötzlich vor x Jahren mal irgendwas nicht erwartungsgemäß, und das kommt dann so, dass weder Nachbesserung noch Nachvollziehbarkeit möglich sind.

Das Problem der Etablierten ist auch die Inzucht (jenseits von Nepotismus bei der Vergabe fester Stellen), freundlich gewendet das nächste Missverständnis der Branche: „Wir sind alle eine große Familie". So kann es passieren, dass ein Produzent, der einen Wettbewerbsfilm der Berlinale herstellt, kackfrech ein Untertitelkorrektorat als Gratisarbeit einfordert nach dem Motto: „Du wohnst doch mit dem Cutter zusammen!" Oder ein Produzent des Arte-Magazins Metropolis kommt auf die bahnbrechende Idee, der dolmetschenden Rechercheurin 100 Euro am Tag zahlen zu wollen und dass das Transkribieren und Übersetzen der Interviews plötzlich inbegriffen ist, weil eine Freundin seiner Freundin mal zu dem Satz tätig war. Warum hat sie wohl nicht weitergemacht? Da kommen wir dann auf 30 Euro Tagessatz, vier Euro die Stunde für Arbeit bei „Öffentlich-Rechtlichen". Medien und Film scheinen für die Mitarbeiter immer mehr zum rechtsfreien Raum zu werden. Der Produzent gibt übrigens dabei oft nur den Druck weiter, der von oben kommt.

Die Branche zerstört sich selbst, die Sitten verfallen. Wer hier dolmetscht, muss kein Profi sein; besser ist, sie oder er bringt noch einen Mehrwert mit, z. B. Hörfunkreportagen zum gleichen Thema zu machen (was natürlich dem journalistischen Berufsethos zuwiderläuft, aber es passiert.) Die Qualität der Arbeit ist dabei offenbar weniger wichtig. Ich arbeite ab und zu noch für Hochglanzkunden, die aber in die Jahre kommen oder sterben. Mein unangefochtener Lieblingskunde war Claude Chabrol, ein herzensguter Schabernacktreiber. Die Liebe war beidseitig. Nachdem er mal versucht hatte, mich mit seinem Sohn zu verkuppeln, hat er mich den Journalisten und dem Botschafter als seine Schwiegertochter vorgestellt. *Family business* eben.

Ich bin froh, dass ich von dieser Branche nicht abhängig bin. Viele erleben derzeit „Das Ende der Leidenschaft", wie ein Artikel im Branchenblatt „Der Kameramann" überschrieben ist. Ist diese Entwicklung umkehrbar, der Feudalismus reformierbar? Ich weiß es nicht.

Als Kunden führst Du hochrangige Institutionen aus Politik und Film auf, darunter einige durchaus bekannte Namen. Unterscheidet sich die Arbeit mit Prominenten von der mit anderen Kunden?

Absolut nicht! Unterscheide: Pseudo-Promis und echte Stars. Erstere versuche ich zu vermeiden, letztere sind einfach in der Handhabung, auf sie gehe ich so zu wie auf meine Cousinen und Nachbarn. Sie machen selbst kein Gewese um die eigene Person und mögliche Grenzen und Ruhemomente, die sie brauchen, werden sofort klar. Ich denke an die Diva Typ kühle Blondine, die extrem zurückgezogen ist. Sie lässt aber durch ihren Mann kommunizieren, der ihr ganzes Gegenteil ist: Gedrungen, dunkelhaarig, ständig strahlend und herzlich. Da kommen dann Sätze wie: „Meine Frau und ich sind so glücklich, dass Sie wieder dabei sind!"

Die meisten könnte ich problemlos bei mir zu Hause übernachten lassen. Bei der Arbeit – und das Drehen und auch die Interviews sind extreme Momente des Haut-auf-den-Markt-Tragens – sind wir untereinander sehr direkt, stützen einander, und sei es nur dadurch, dass wir Mitdenken signalisieren. Das geht dann durchaus in beide Richtungen. Ich werde in meiner Text- und Darstellungsarbeit als Profi unter Profis akzeptiert. Und so kann ich durchaus mal mit Nathalie Baye rumwitzeln – um dann doch nochmal einen Namen fallenzulassen – als wären wir beide noch in der Pubertät.

Die Direktheit hat mit Vertrauen zu tun. So hat denn Chabrol bei seinem letzten Besuch mich noch um eine Stadtbesichtigung gebeten. Der Berlinale-Fahrer war schnell überzeugt, so haben wir einige Extra-Schlenker gemacht und sind mit zwei Stunden Verspätung beim Empfang in der Botschaft eingelaufen. Ich weiß nicht, ob er diesen Wunsch einer anderen Dolmetscherin gegenüber geäußert hätte.

Bei den echten Stars erlebe ich das Gleiche wie in der Wirtschaft: Sofortige Rückmeldung, wenn ich noch Luft nach oben zum Besserwerden habe, sowie Dankbarkeit. Der direkte Kontakt ist Gold wert. Hier wird noch gesehen, was wir machen. Leider haben nicht nur die Medien immer öfter solche „Flaschenhälse", an denen Arbeitsmöglichkeiten zugeteilt werden, sondern auch diverse Verwaltungen. Und das ist das nächste Missverständnis der Branchen, die mit Publikum zu tun haben: Die Finanziers und Ermöglicher fühlen sich inzwischen selbst als Stars und gerieren sich so.

Ich wüsste nicht, wie ich das überwinden könnte. Lange hat bei der Positionierung am Markt mein Dolmetscherweblog geholfen, den ich seit der Berlinale 2007 führe, übrigens die reinste „Autobiofiktion". Aber die Leute lesen kaum noch, sie zappen, und es gibt freilich spannendere Blogs und Themen am Newsmarkt. Dumm ist, dass ich mir jetzt selbst irgendein mediales Event ausdenken muss, um in der Medien- und Filmwelt bestand zu haben. Ich war letztens als Dolmetscherin in eine krimitaugliche Handlung involviert. Vermutlich muss ich in diese Richtung weiterdenken. Aber erstmal schreibe ich mein zweites Kinderbuch. Ich schreibe zum Glück aus mir heraus; als Marketing wäre der Aufwand zu hoch. Diese doppelte Kompetenz zieht indes Kunden an, die genau das suchen.

Ist es für Dolmetscher Deiner Meinung nach sinnvoll, sich zu spezialisieren? Ist das überhaupt möglich?

Wir müssen spezialisierte Generalisten sein, da geht es uns wie Fachjournalisten. Die Hauptspezialisierung liegt in der Art des Arbeitens, in der Methode, in Techniken. Da ich viel für Politik und Medien arbeite, geht es bei mir ums Mitbekommen gesellschaftlich relevanter Themen, ums Wach- und Neugierigsein, ums Lesen, Hören, Diskutieren. Wer sich in unserem Beruf eigentlich seit Jahrzehnten nicht mehr dafür interessiert, was eine Mediokratie von einer Meritokratie unterscheidet, sollte den Beruf wechseln. Leider gibt es in der Branche einige, die mehr Zeit auf Kontaktpflege als auf Vorbereitung verwenden.

Die Vielfalt meiner Arbeitsbereiche spiegelt mein Freundes- und Bekanntenkreis wider. Ich schaue den Leuten aufs Maul. Ich mache mir Notizen. (Manchen irritiert das anfangs.) Ich bin oft in Buchläden und Bibliotheken. Ich liebe Kongresse, Museen und Cafés, die viele Zeitungen halten. Und wenn alles gut läuft, bilde ich mich ab nächstem Winter in einem Drittel meiner Zeit auch akademisch weiter.

Meine Interpretation von Spezialisierung geht so: Ich muss nicht auf alles schon Antworten haben, aber wissen, in welche Richtung die Fragen gehen können.

11 Fazit

Die Frage muss erlaubt sein: Muss sich denn jeder Übersetzer oder Dolmetscher spezialisieren und/oder diversifizieren? Nein. Nicht, wenn der Markt es nicht erfordert und eine Neuausrichtung des eigenen Geschäfts nicht notwendig oder nicht gewünscht ist. Wer sich als Generalist wohlfühlt, gut positioniert ist und keine Probleme mit Auftragsflauten oder schlecht bezahlten Aufträgen hat, wer sich über Konkurrenz keine Gedanken macht und so ausgelastet ist, wie er oder sie es wünscht, hat keinen Grund für eine Spezialisierung und/oder Diversifikation.

Für alle anderen Sprachmittler und Kollegen ist eine Positionierung notwendig, um sich von der Konkurrenz abzuheben und für die gewünschte Kundenzielgruppe als Geschäftspartner attraktiv zu werden. Und da Sie dieses Buch zur Hand genommen haben, gehe ich davon aus, dass bei Ihnen durchaus die Bereitschaft und ggf. auch die Notwendigkeit besteht, etwas zu verändern, um Ihr Übersetzungsgeschäft noch erfolgreicher zu betreiben.

Der größte Fehler, den Sie dabei machen können: Ungeduld. Erwarten Sie nicht, sich binnen eines Jahres vom Generalisten zum stark positionieren Spezialisten entwickeln und Ihre Umsätze vervielfachen zu können.

Spezialisierung und Diversifikation sind Prozesse, die nie vollends abgeschlossen sind und sich ständig weiterentwickeln.

Für die einen mag das frustrierend klingen, weil sie sich vielleicht erhofft haben, nach Lektüre dieses Buches und einigen Monaten harter Arbeit am Ziel sein zu können. Den anderen, die vielleicht schon jahrelang an ihrer Spezialisierung feilen und sich fragen, wann sie endlich fertig sind, ist dank dieser These möglicherweise Absolution vergönnt.

Eine Positionierung bedeutet nicht nur eine Fokussierung oder Verbreiterung des Angebots, sondern überhaupt Veränderung. Unsere Arbeit entwickelt sich über die Jahre. Das liegt zum einen an sich verändernden Märkten und Bedingungen – wer kann beispielsweise sagen, wie sich der Ausstieg Großbritanniens aus der EU zukünftig auf den Übersetzungsmarkt auswirken wird? Die Veränderung liegt aber auch in uns selbst begründet. Ob bewusst herbeigeführt oder im Rahmen eines unbewussten Prozesses, ich bin sicher, wenige der sehr lange am Markt tätigen Kollegen würde behaupten, dass sie heute noch genau das gleiche machen wie vor 20 Jahren. Es ist eine natürliche Entwicklung, die wir vielleicht zu fördern oder zu bremsen versuchen, aber nicht ganz aufhalten können. (Und die uns von Menschen in einer festangestellten Tätigkeit nicht unterscheidet, denn auch hier verändern sich Arbeitsplätze, Tätigkeitsschwerpunkte, es gibt Beförderungen und Degradierungen …).

Wer sich bewusst macht, dass sich seine Arbeit in einem ständigen Entwicklungsprozess befindet, tut sich möglicherweise auch leichter damit, neuen Möglichkeiten eine Chance zu geben.

"If we don't adapt to change, we risk being left behind."[48]

Ich hoffe, ich konnte Ihnen mit diesem Buch einige Anhaltspunkte für eine geschickte Positionierung liefern.

Wer sich angesichts des Titels eine Festlegung erhofft hat, ob denn nun eine Spezialisierung der richtige Weg als erfolgreicher Sprachmittler ist, oder lieber eine Verbreiterung des Angebots, der mag enttäuscht sein, dass ich den diplomatischen Mittelweg gewählt habe. Dies geschieht jedoch nicht aus der Verlegenheit heraus, sich nicht entscheiden zu können, sondern weil ich davon überzeugt bin, dass beide Wege untrennbar zusammengehören.

Spezialisierung und Diversifikation schließen sich nicht aus, sondern sind zwei sich ergänzende Konzepte, die eine erfolgreiche Positionierung als freiberuflicher Übersetzer erst möglich machen.

Eine Konzentration auf einen eindeutig abgesteckten Rahmen dient als Qualitätsmerkmal, erleichtert die Zielgruppenfindung und Vermarktung des Angebots zu angemessenen Preisen. Eine spezialisierte Diversifikation, eine Verbreiterung des Portfolios innerhalb dieses Rahmens reduziert Unternehmensrisiken, bietet Wachstumspotenzial und sorgt für eine abwechslungsreiche Tätigkeit.

Doch vergessen Sie nicht, bei der Entwicklung einer Spezialisierung oder spezialisierten Diversifikation ökonomische Faktoren zugrunde zu legen. Bei allen

48 Colliander Lind a.a.O., S. 24

Vorteilen der Spezialisierung und den Möglichkeiten, die sich daraus ergeben sollten Sie sich eines immer vor Augen halten:

„Jede Spezialisierung dient ausschließlich dem Zweck, noch bessere Problemlösungen zu schaffen als die etablierten Anbieter. [...] Eine Spezialisierung um der Spezialisierung Willen macht keinen Sinn. Sie muss immer mit steigender Nachfrage verbunden sein."[49]

11.1 Zum Weiterlesen

Neben den in diesem Buch zitierten Werken möchte ich denen, die sich gerne intensiver mit dem Thema Positionierung beschäftigen wollen, noch ein paar Lektüre-Tipps mit auf den Weg geben.

Grundsätzlich zu empfehlen ist das Blog „Marketing Tips for Translators"[50] von Tess Witty. Hier gibt es geballtes Know-how zum Thema Marketing speziell für Übersetzer, angenehm verständlich aufbereitet in Podcasts und Blogs. In einem ihrer Podcasts widmet sich Tess Witty auch dem Thema Spezialisierung und gibt wirklich nützliche Tipps.

Nicht auf unsere Branche beschränkt, aber nicht weniger empfehlenswert ist das Buch von Elke Fleing und Momo Evers „Hervorragend positioniert", das anschaulich und übersichtlich beschreibt, wie man Kunden auf sich aufmerksam macht und wie effektives Selbstmarketing geht. Zahlreiche Checklisten helfen bei der Umsetzung.[51]

Seit langem beschäftigt sich der Coach Peter Sawtschenko mit dem Thema Positionierung und hat schon viele Titel hierzu veröffentlicht. Zum Einstieg empfehle ich das Buch „30 Minuten Positionierung: So mausern Sie sich zum gefragten Spezialisten." Ebenso wie das Buch von Kerstin Friedrich orientiert Sawtschenko sich am von Wolfgang Mewes in den 70er-Jahren entwickelten

49 Friedrich a.a.O., S. 150

50 http://marketingtipsfortranslators.com/

51 Fleing, Elke: Als Experte positionieren: So mausern Sie sich zum gefragten Spezialisten. Akademie.de, Berlin. 2010

EKS, der Engpasskonzentrierten Strategie (Sawtschenko zieht hierzu zum Vergleich das Brennglasprinzip heran, bei dem die Sonnenstrahlen gebündelt werden und durch die gebündelte Energie mehr Kraft haben). Er formuliert seine Thesen teilweise sehr zugespitzt (Beispiel: „Wer nicht automatisch neue Kunden gewinnt, ist falsch positioniert."). Doch für einen allgemeinen Einstieg in das Thema – für den man nicht mehr als 30 Minuten braucht – ist das Buch durchaus zu empfehlen.[52]

Zum Schluss möchte ich Ihnen noch den „Nasenfaktor" von Heide Liebmann ans Herz legen. Das Buch richtet sich zwar im Kern an Berater, Trainer und Coaches, beschreibt aber sehr gut, wie wichtig die eigene Persönlichkeit bei der Positionierung ist.[53]

---

52 Sawtschenko, Peter: 30 Minuten Positionierung. GABAL Verlag, Offenbach, 3., überarbeitete Auflage 2012

53 Liebmann, Heide: Der Nasenfaktor. Wie Berater sich unverwechselbar positionieren. Gabler Verlag, Wiesbaden, 1. Auflage 2007

Bibliografie

Adams, Nicole Y. (Hrsg.): Diversification in the Language Industry: Success beyond translation. NYA Communications. 2013

Arakelyan, Olga: Social Media and Online Marketing, in: Adams, Nicole Y.: Diversification in the language industry: Success beyond Translation. NYA Communications 2013

Christaki, Catherine: Blogging and Social Media, in: Adams, Nicole Y.: Diversification in the language industry: Success beyond Translation. NYA Communications 2013

Colliander Lind, Anne-Marie: Industry Trends and Consequences for Translators, in: Adams, Nicole Y.: Diversification in the language industry: Success beyond Translation. NYA Communications 2013

Fleing, Elke: Als Experte positionieren: So mausern Sie sich zum gefragten Spezialisten. Akademie.de, Berlin. 2010

Friedrich, Kerstin: Erfolgreich durch Spezialisierung. Radikal anders – radikal besser!. Redline Verlag, München, 3. überarb. Auflage 2014

Hendzel, Kevin: Everybody lies. Blogbeitrag vom 28. Mai 2013. www.kevinhendzel.com/everybody-lies-marketing-claims-of-universal-expertise-by-freelance-translators-and-we-do-everything-agencies-damage-industry-credibility-and-drive-the-commodity-mentality, abgerufen am

http://marketingtipsfortranslators.com/, abgerufen am 20.10.2016

www.akademie.de/wissen/stundensatz-kalkulation, abgerufen am 20.10.2016

www.bdue.de/fileadmin/files/PDF/Presseinformationen/BDUe_Hintergrundinformation.pdf, abgerufen am 10.09.2016

www.erfolg-als-freiberufler.de/Honorar-Rechner.php, 10.09.2016

https://de.wikipedia.org/wiki/Fachgebiet, abgerufen am 14. Oktober 2014

https://de.wikipedia.org/wiki/Freier_Beruf_%28Deutschland%29, abgerufen am 26. Oktober 2016

https://de.wikipedia.org/wiki/Justizverg%C3%BCtungs-_und_-entsch%C3%A4digungsgesetz, abgerufen am 26.10.2016

https://de.wikipedia.org/wiki/Technik, abgerufen am 29.06.2016

https://lambertschuster.de/existenzgruender/stundensatz-kalkulation-fuer-freiberufler-und-selbstaendige/, abgerufen am 29.09.2016

Hussain, Eva: An interpreter's story, in: Adams, Nicole Y.: Diversification in the language industry: Success beyond Translation. NYA Communications 2013

José Ortega y Gasset, zitiert nach: www.unmoralische.de/zitate2/Gasset.htm, abgerufen am 10.10.2016

Kastenhuber, Karolina: Transcription, in: Adams, Nicole Y.: Diversification in the language industry: Success beyond Translation. NYA Communications 2013

Liebmann, Heide: Authentisches Marketing für Selbstständige und Einzelkämpfer. Veröffentlicht unter www.akademie.de/wissen/authentisches-marketing, Stand 17. September 2012

Liebmann, Heide: Der Nasenfaktor. Wie Berater sich unverwechselbar positionieren. Gabler Verlag, Wiesbaden, 1. Auflage 2007

Liebmann, Heide: Verkaufsargument „Kundennutzen", veröffentlicht unter www.akademie.de/wissen/kundennutzen, Stand vom 20. August 2012

Martelli, Alessandra: Copywriting, in: Adams, Nicole Y.: Diversification in the language industry: Success beyond Translation. NYA Communications 2013

Neidhardt, Miriam: Überleben als Übersetzer. Das Handbuch für freiberufliche Übersetzerinnen.Verlag Miriam Neidhardt, 3. überarbeitete und erweiterte Auflage 2016

Prof. Dr. Christoph Hommerich, Dipl.-Soz. Nicole Reiß: Ergebnisse der BDÜ-Mitgliederbefragung, Bergisch Gladbach, August 2016

Prof. Dr. Christoph Hommerich, Dipl.-Soz. Nicole Reiß: Ergebnisse der BDÜ-Mitgliederbefragung, Bergisch Gladbach, April 2011

Sawtschenko, Peter: 30 Minuten Positionierung. GABAL Verlag, Offenbach, 3., überarbeitete Auflage 2012

Springer Gabler Verlag (Herausgeber), Gabler Wirtschaftslexikon, Stichwort: Diversifikation, unter: http://wirtschaftslexikon.gabler.de/Archiv/54826/diversifikation-v6.html

Weyers, Dorle: Kopfarbeit kalkulieren & verkaufen. Von Honorarjobs zu professioneller Selbstständigkeit. ImPrint Verlag, Münster, 2., aktualisierte und erweiterte Auflage 2004

Birgit Golms: Marketing für Dolmetscher und Übersetzer – Wie Sie sich als Freiberufler optimal vermarkten und Kunden gewinnen, 2., aktualisierte Auflage, Umfang: 161 Seiten, ISBN: 978-3-938430-55-2, Erscheinungsjahr: 2014, Preis: 20,00 €

„Marketing für Dolmetscher und Übersetzer" wurde aufgrund seines hohen Praxisbezugs innerhalb weniger Jahre zu einem vielgelesenen Grundlagenwerk für selbstständige Sprachmittler. Seit 2011, der Erstauflage dieses Werkes, hat sich insbesondere der Bereich „Social Media" zu einem festen Bestandteil des Marketings von Freiberuflern entwickelt. Aus diesem Grund wurde das Kapitel über Networking im Internet erweitert und eine Übersicht über die wichtigsten Social Media Netzwerke im Internet aufgenommen, die für Dolmetscher und Übersetzer interessant sein können.

Die Bandbreite der in diesem Ratgeber behandelten Themen reicht weiterhin von der Positionierung über die Grundausstattung in Form von Visitenkarte und Website bis hin zur Kundengewinnung. Die Vorschläge sind genau auf die Situation von Dolmetschern und Übersetzern zugeschnitten, die alleine arbeiten und weder über ein großes Budget noch übermäßig Zeit für das Marketing in eigener Sache verfügen. Übungen, Checklisten und zahlreiche Tipps helfen dabei, das Gelesene in die Praxis umzusetzen.

BDÜ (Hrsg.): Erfolgreich selbstständig als Dolmetscher und Übersetzer – Ein Leitfaden für Existenzgründer, 5., überarbeitete und erweiterte Auflage, Umfang: 173 Seiten, ISBN: 978-3-938430-60-6, Erscheinungsjahr: 2015, Preis: 22,00 €

In dieser überarbeiteten und erweiterten Auflage des vorliegenden Bandes ist es den Autoren erneut gelungen, eine Vielzahl von Facetten des praktischen Berufslebens zu erfassen und für den Leser verständlich aufzubereiten.

Die Spannweite der Beiträge in diesem Buch reicht von der Büroorganisation des Freiberuflers über Tipps zur Auftragsakquisition und zum Umgang mit Auftraggebern bis hin zur Kalkulation und Vertragsgestaltung. Das detaillierte Inhaltsverzeichnis und eine umfangreiche Adresssammlung machen dieses Buch für Neulinge wie für alte Hasen zu einem gern konsultierten Nachschlagewerk.

Alle Preise sind Bruttopreise und verstehen sich zzgl. Porto und Verpackung (ab 2,50 Euro). Bestellungen erbitten wir bevorzugt über unsere Internetseite: www.bdue-fachverlag.de. Dort finden Sie außerdem Leseproben zum kostenlosen Download.